Kinder fordern uns heraus
Ratgeber für die Familie bei Klett-Cotta

Ingeburg Stengel
Lieselotte v. der Hude
Veronika Meiwald

Sprachschwierigkeiten bei Kindern

Wie Eltern helfen können

Klett-Cotta

Klett-Cotta

Printed in Germany
Umschlag: Peter Jürgen Kahrl, Neustadt/Wied
Gesetzt aus der Melior von Jung Satzcentrum, Lahnau
Auf säure- und holzfreiem Werkdruckpapier gedruckt
und gebunden von Clausen & Bosse, Leck
Zehnte Auflage, 1998
(nach der neunten, völlig überarbeiteten Auflage 1997)

Die deutsche Bibliothek – CIP-Einheitsaufnahme
Stengel, Ingeburg:
Sprachschwierigkeiten bei Kindern : wie Eltern helfen können /
Ingeburg Stengel ; Lieselotte v. der Hude ; Veronika Meiwald. –
10. Aufl. – Stuttgart : Klett-Cotta, 1998
ISBN 3-608-91884-1

INHALT

Vorwort

Dieser Band basiert auf dem 1974 erschienenen Buch »Sprachschwierigkeiten bei Kindern« von Ingeburg Stengel (1974).

Vieles hat sich seit dieser Zeit verändert.

Diagnostik und Therapie von Kindern mit Sprachauffälligkeiten sind vielfältiger und differenzierter geworden. Eltern, Erzieher und Erzieherinnen sind über bestehende Behandlungsmöglichkeiten besser informiert.

Gleichgeblieben sind jedoch die Fragen der Eltern, wenn sie persönlich betroffen sind.

Wenn sie feststellen, daß sich die Sprache ihres Kindes im Vergleich zu der gleichaltriger Kinder anders entwikkelt, ergeben sich für sie häufig folgende Fragen:

Wie verläuft die normale Sprachentwicklung eines Kindes?

Was können Eltern selbst tun, um die Sprachentwicklung ihres Kindes zu fördern?

Wann handelt es sich um eine Sprachstörung?

Wann sollte eine Untersuchung oder Behandlung erfolgen?

Das vorliegende Buch versucht, auf diese Fragen eine Antwort zu geben. Es will Eltern informieren und sie motivieren, sich im Zweifelsfall fachlich beraten zu lassen.

Das Hauptanliegen des Buches ist es jedoch, zu verdeutlichen, wie entscheidend das Verhalten der Eltern die

Sprachentwicklung des Kindes beeinflussen kann, sowohl fördernd als auch hemmend.

Dabei haben wir versucht, nicht nur theoretische Antworten zu geben, sondern in vielen Beispielen zu zeigen, wie die Umsetzung in die Praxis aussehen könnte.

Mit dem Buch möchten wir auch verschiedene Berufsgruppen ansprechen, wie z. B.: Erzieherinnen und Erzieher, Pädagoginnen und Pädagogen, Psychologinnen und Psychologen und Kinderärztinnen und Kinderärzte, die sich in ihrer Arbeit mit Themen wie »Umgang mit sprachgestörten Kindern« oder »Förderung der Sprachentwicklung« auseinandersetzen.

Das Buch wurde im Team von folgenden Autorinnen geschrieben:

Ingeburg Stengel
ist Logopädin in eigener Praxis und Mutter von drei Kindern. Sie hat sich intensiv mit Erziehungsfragen und dem Einfluß der Eltern auf die Sprachentwicklung ihrer Kinder beschäftigt, zahlreiche Vorträge und Seminare für Eltern und Erzieherinnen und Erzieher gehalten und das oben erwähnte Buch veröffentlicht.

Mit ihrem Arbeitsschwerpunkt »Persönlichkeitsentwicklung durch Körper – Atem – Stimmarbeit« ist sie in der Aus- und Weiterbildung von Logopädinnen und Logopäden und als Trainerin und Coach für Führungskräfte tätig.

Buchveröffentlichung zu diesem Thema:
Stengel / Strauch: »Stimme und Person« (1996)

Lieselotte v. der Hude
ist Logopädin in der Sprachberatungsstelle Berlin-Reinickendorf und Mutter von zwei Kindern. Sie hat an der Entwicklung eines Konzeptes zur Prävention kindlicher Sprachstörungen mitgewirkt und sich auf die Diagnostik und Therapie von Kindern mit der dazugehören-

den Elternberatung spezialisiert. Auf dieser Grundlage führt sie u.a. Elternabende in Kindertagesstätten und Fortbildungen für Erzieherinnen und Erzieher durch. Sie hat an dem aus dieser Arbeit entstandenen Buch »Sprachstörungen im Kindesalter« von Wolfgang Wendlandt (1992) mitgearbeitet.

Veronika Meiwald
ist Logopädin und hat in oben erwähnter Sprachberatungsstelle sowohl das präventive Konzept mitentwickelt als auch an dem erwähnten Buch mitgearbeitet. Sie veranstaltet seit Jahren Elternabende und Fortbildungen für andere Berufsgruppen.

Sie hat eine Zusatzausbildung in personenorientierter pädagogischer und psychotherapeutischer Arbeit mit Kindern und Jugendlichen und arbeitet seit 1995 in eigener Praxis in Berlin-Kreuzberg.

1

»Unser Kind spricht nicht richtig!«

Sven ist 2½ Jahre alt. Seine Mutter ist verunsichert. Der Kinderarzt hat sie darauf hingewiesen, daß Svens Sprache noch nicht altersgemäß entwickelt sei.

Sie berichtet: »In Svens Kindergartengruppe sind Kinder, die mehr sprechen – aber ich wollte mich nie durch den Vergleich mit anderen verrückt machen. Ich verstehe genau, was Sven möchte, auch wenn er außer ›Mama‹ und ›ä-ä‹ noch keine Wörter spricht. Er zeigt auf das, was er will, oder ich sehe es an seinem Blick. Wenn er etwas nicht will, dann wirft er sich auf die Erde und schreit.

Ich habe auch immer geglaubt, daß er alles versteht, aber der Kinderarzt ist da nicht so sicher und hat eine Untersuchung beim Ohrenarzt vorgeschlagen.

Svens Oma hat schon öfter behauptet: ›Der hört eben einfach nicht‹, aber sie meint damit, daß er nicht gehorchen will. Wenn sie uns besucht, geht Sven ihr immer aus dem Weg. Seit sie damals demonstrativ den Keks hochgehalten hat und den hungrigen Sven gefragt hat: ›Wie heißt das?‹, hat er erst recht nicht ›Keks‹ gesagt. Und ›Oma‹ sagt er auch nicht mehr, obwohl er das früher schon mal versucht hat.«

Tanja ist 3 Jahre alt und spricht schon viele Wörter und kleine Sätze, doch außer ihrer Mutter kann fast niemand sie verstehen. Ihr Vater hat schon oft probiert, ihr die Wörter langsam und deutlich vorzusprechen, z. B. »Zitrone«, aber Tanja hat immer wieder ihr Wort »Tone« gesagt, und irgendwann haben beide aufgegeben.

Tanjas Erzieherin Monika findet zwar auch, daß sie noch etwas babyhaft spricht, aber sie hat sich gut in Tanjas Sprache eingehört, und erst seitdem Tanja aggressiv wird, wenn man sie nicht versteht, macht Monika sich Sorgen.

Daraufhin hat Frau S. ihren Kinderarzt um Rat gefragt, der ihre Tochter von Geburt an kennt. Der meinte, das verwachse sich, und für eine Sprachtherapie sei sie sowieso noch viel zu klein.

Frau S. ist entlastet und wartet ab.

Markus ist 5 ½ Jahre alt. Er ist schon in der Vorschule und war gerade bei der Schuluntersuchung. Die Ärztin hat seiner Mutter gesagt, daß Markus wegen seiner Sprache noch nicht eingeschult werden kann. Er spreche undeutlich und seine Sätze seien unvollständig.

Frau T. ist empört: »Ich habe unseren Kinderarzt öfter danach gefragt, und er hat immer gesagt: ›Das verwächst sich noch.‹ Als wir so besorgt waren, haben wir auch mit Markus geübt. z. B. ›sch‹ haben wir immer probiert und gerade beim Wort ›Schule‹ hat Markus sich so angestrengt, daß er schon fast ins Stottern kam. Aber dann wurde er immer bockiger, und irgendwann wollte er gar nicht mehr.

Wie sollen wir ihm jetzt beibringen, daß er vielleicht noch nicht in die Schule kommt? Wir haben uns schon so darauf gefreut, bald ein großes Schulkind zu haben, und jetzt das! Wir wollen unbedingt, daß Markus ganz schnell geholfen wird, vielleicht klappt es dann ja doch noch mit der Schule.«

Sebastian ist 8 Jahre alt. Seine Lehrerin hat die Eltern zu einem Gespräch eingeladen und ihnen berichtet, daß

Sebastian seit einigen Woche besorgniserregend viel stottere und sie etwas ratlos sei. Zu Beginn habe sie versucht, ihn öfter dran zu nehmen, um ihm Gelegenheit zu geben, darüber hinwegzukommen. Sie hatte ihm extra viel Zeit eingeräumt, die anderen Kinder zum Warten aufgefordert und Sebastian geraten, langsamer zu sprechen. Als das Stottern weiterhin zunahm, hatte sie ihn geschont und möglichst gar nicht mehr aufgerufen. Sebastian ziehe sich jetzt mehr und mehr aus dem Unterrichtsgeschehen zurück, und sie rate den Eltern, professionelle Hilfe in Anspruch zu nehmen.

Herr und Frau K. sind sehr besorgt und erinnern sich an die Zeit, als Sebastian mit 4 Jahren gestottert hat. Er hatte damals Wörter und Silben wiederholt, war auch manchmal an einzelnen Lauten »hängengeblieben«, aber als es von allein weniger wurde, waren die Eltern beruhigt.

Sie erzählen der Lehrerin, daß Sebastian zu Hause nur ganz selten stottert, und zwar nur, wenn er sehr aufgeregt ist. Sie seien ganz froh darüber, daß andere das noch nie bemerkt hätten, denn keiner hätte sie oder Sebastian bisher darauf angesprochen. »Professionelle Hilfe« – an wen könnten sie sich wenden?

Vor diese oder ähnliche Fragen sehen sich viele Eltern gestellt.

Sie wollen ihrem Kind helfen. Sie meinen es gut, wenn sie mit ihrem Kind üben, wenn sie es nachsprechen lassen oder abwarten. Doch wenn das alles nicht hilft?

Verwandte und Freunde geben gutgemeinte Tips, die Sorge um schulische Leistungen macht Druck. Aber auch das Gefühl, nicht genug über die normale Sprachentwicklung der Kinder zu wissen, verstärkt die Unsicherheit der Eltern. Verständlich ist auch, daß die meisten erst einmal vermeiden möchten, fremde Hilfe in Anspruch zu nehmen.

Mit dem vorliegenden Buch möchten wir dazu beitragen, daß Eltern besser darüber informiert sind, wie sich Sprache entwickelt, was die Sprachentwicklung stören kann und wie sie die Sprachentwicklung ihres Kindes fördern können.*

---

* An dieser Stelle möchten wir einen Hinweis einfügen: In unserem Buch ist von Eltern, Mutter oder Vater die Rede. Dabei ist uns bewußt, daß Familienstrukturen sich ändern und heute nicht mehr selbstverständlich die Mutter oder der leibliche Vater die Hauptbezugspersonen der Kinder sein müssen.

2

Entwicklung der Sprache

2.1 Stufen der Sprachentwicklung

Der Stauferkaiser Friedrich II. wollte herausfinden, wie sich Sprache entwickelt und welches die Ursprache des Menschen sei. So ließ er Neugeborene aussuchen und gab sie in die Obhut von Ammen, mit der strikten Anweisung, die Säuglinge zu nähren, gut zu versorgen, aber nicht mit ihnen zu sprechen. Das Experiment mißglückte – alle Säuglinge sind gestorben.

Wir wissen heute, daß es keine Ursprache gibt und daß Kinder auch nicht einfach zu sprechen beginnen, sondern daß viele kleine Entwicklungsschritte nötig sind, um sprechen zu lernen.

Eine wichtige Voraussetzung, diese Schritte gehen zu können, ist die vertrauensvolle Beziehung des Kindes zu seinen Eltern. Gestützt durch dieses Vertrauen, wird es sich an immer neue Lernschritte wagen können. Hat es dann einmal begonnen zu sprechen, drückt sich diese vertrauensvolle Beziehung auch darin aus, daß es seinen Eltern alles mitteilen will, was es fühlt und erlebt. Auch wenn es nur ein Wort sprechen kann, versucht es sich mit zusätzlicher Mimik und Gestik verständlich zu machen. Es freut sich, wenn »mei« als »meins« verstanden wird und heißen soll: »Ich kann das allein!« Wenn es dann sogar Erfolg hat und wirklich allein essen darf, wird es ermutigt, dieses Wort häufiger zu benutzen. Es bleibt nicht bei dem einen Wort, sondern angeregt durch die Freude und den Erfolg, die solche Kommunikationsversuche auslösen, lernt es sehr schnell. Es probiert aus, es speichert immer neue Wörter, es ahmt nach, was ihm Erwachsene vorsagen, manchmal sogar ohne den Inhalt zu verstehen. Zu welchem Zeitpunkt die Sprachentwicklung wirklich beginnt, läßt sich schwer sagen. Der hörbare Beginn ist der erste Schrei.

Entwicklung der Stimme

Der erste Schrei, bei dem sich die Lungen des Kindes entfalten, damit es selbständig atmen kann, gilt als Beginn der vorsprachlichen Entwicklung. Die Lungen beginnen zu arbeiten; auch die Stimme des Babys entwickelt sich. Da ein Baby in den ersten Wochen seines Lebens nur die Möglichkeit hat, durch sein Schreien auf sich aufmerksam zu machen, schreien Säuglinge scheinbar oft und gern. Mit dieser »Übung« trainieren sie ihre Stimmbänder, die dazugehörende Muskulatur und die Beweglichkeit der entsprechenden Gelenke. Das Schreien, das zunächst gleich klingt und oft grundlos erscheint, verändert sich von Tag zu Tag. Es geht sehr schnell, daß Vater und Mutter erkennen, ob ihr Kind Hunger oder Schmerzen hat oder ob es schreit, weil es »Unterhaltung« möchte. In der Regel erfolgt auf das Schreien des Säuglings eine verläßliche Reaktion: Es kommt z. B. die Mutter, die ihn hochnimmt, streichelt und dabei vielleicht nicht einmal Worte sagt, sondern sich nur mit tröstenden Lauten dem Baby zuwendet. So unterhalten sich Mutter und Kind, ohne zu sprechen. Sie beschränken sich auf Stimme und Laute, die durch den Klang bereits Bedeutung bekommen haben.

Entwicklung des Sprachverständnisses

Im Laufe seiner Entwicklung nimmt das Kind seine Umwelt immer mehr wahr. Es erkennt nicht mehr nur Vater und Mutter, sondern auch andere Personen, die es häufiger sieht. Es erkennt auch Gegenstände wieder und macht das durch sein Verhalten deutlich. Entdeckt es seine Flasche, wird es unruhig oder schreit und signalisiert damit, daß es sofort trinken will.

Ebenso wie ein Kind lernt, ähnliche Dinge voneinander zu unterscheiden, erkennt es allmählich auch die unterschiedliche Bedeutung von Wörtern. Dann kann es beim Bilderbuchanschauen auf die Frage: »Wo ist denn der Hund?« auf den Hund zeigen, auch wenn auf der gleichen Seite noch ein anderes Tier abgebildet ist.

Lange bevor ein Kind sein erstes Wort sprechen kann, muß es dieses Wort verstehen können. Das Sprachverständnis kommt also vor dem Sprechenlernen.

Das Sprachverständnis entwickelt sich aus dem Situationsverstehen. Es ist deshalb wichtig, daß die Eltern ein gesprochenes Wort mit der jeweiligen Situation in Verbindung bringen.

So versteht ein Kind sehr schnell folgende Situation: Die Mutter zieht sich ihre Schuhe und ihren Mantel an und fragt gleichzeitig ihr Kind: »Wo sind denn deine Schuhe?« Dann weiß das Kind aus dem, was es beobachtet hat, daß die Mutter mit ihm jetzt das Haus verlassen will, und es fällt ihm in diesem Zusammenhang leicht, die Frage zu verstehen und seine Schuhe zu holen.

Viel schwerer wäre es für das Kind, diese Frage zu verstehen, wenn sie zusammenhanglos, etwa beim Essen, an das Kind gerichtet würde.

Sprachliche Inhalte werden nicht nur durch die Verbindung zur Situation verstanden, sondern auch durch die Verknüpfung mit Mimik, Gestik und Tonfall.

So kann der Satz: »Was machst du da?« ganz verschiedene Bedeutungen bekommen, je nachdem wie die Mutter ihn sagt: Spricht sie ihn freundlich zugewandt, so bekundet er ihr Interesse an der Aktivität des Kindes. Ist der Tonfall scharf und die Stimme erhoben, so versteht das Kind, daß es etwas Verbotenes tut.

Entwicklung des Sprechens

An die manchmal ausgiebige Schreiphase eines Kindes schließt sich ab dem 2. Lebensmonat die Lallphase an. Dann schnalzen, gurren, schmatzen, juchzen Kinder und bilden nicht nur Einzellaute, sondern hängen viele Laute aneinander. Sie bilden sogenannte Lautketten. Diese Lallphase scheint international zu sein. Alle Kinder können in dieser Zeit viele unterschiedliche Laute bilden, auch Laute, die es in ihrer Muttersprache gar nicht gibt.

Es macht ihnen Spaß, sich mit der Zunge im Mund an immer neuen Stellen zu berühren und damit neue Laute zu bilden. Als Erwachsene spüren wir diese Berührungsreize beim Sprechen nicht mehr, aber wir können das angenehme Gefühl, das Kinder haben müssen, noch immer empfinden, wenn wir einmal ganz zart mit unserer Zunge über den Gaumen streichen.

Im 6. Lebensmonat erweitert sich die Wahrnehmung des Kindes. Die Laute werden nicht mehr nur durch den Berührungsreiz gespürt, sondern zunehmend durch Höreindrücke wahrgenommen.

Deshalb ist es auch ein Alarmsignal, wenn Kinder zwar bis zum 6. Lebensmonat lustvoll Laute gebildet haben, dann aber plötzlich damit aufhören oder sehr viel weniger lallen. In jedem Falle sollte bei diesen Kindern eine ohrenärztliche Untersuchung erfolgen, um auszuschließen, daß das Kind an einer Hörstörung leidet. Kinder müssen sich selbst hören können, um weiterhin zum Bilden von Lauten angeregt zu werden.

Der Erwerb der verschiedenen Laute erfolgt nach gewissen Gesetzmäßigkeiten:

Laute, die im vorderen Bereich des Mundes gebildet werden, kann das Kind leichter lernen, weil es die Sprechbewegungen bei anderen sehen kann. So wird von den meisten Kindern der Laut »p« vor dem Laut »k« gelernt.

Lautverbindungen wie »br« oder »fl« sind schwerer auszusprechen als einzelne Laute. Die meisten Kinder sprechen zunächst nur einen der beiden Laute, »Bille«, und erst später auch den anderen Laut, »Brille«.

Erst ganz am Schluß des Lauterwerbs stehen die sogenannten Zischlaute »s« und »sch«. Da sie sehr ähnlich klingen, sind sie nur schwer zu unterscheiden. Außerdem lassen bereits kleine Abweichungen bei der Bildung dieser Laute sie anders klingen als erwünscht.

Entwicklung des Wortschatzes

Mit dem 9.–12. Lebensmonat beginnt das Kind, bestimmte Dinge oder Situationen mit Lautgebilden zu bezeichnen. Es sagt »Ba« für Ball oder »Laffe« für Flasche. Ein Kind von 1½ Jahren sollte über 15 bis 20 solcher sinntragender Bezeichnungen verfügen. Diese Bezeichnungen können sich mehrmals ändern, bis sie schließlich dem korrekten Wort unserer Sprache entsprechen. So wird aus »Tuhe« zunächst »Suhe« und dann erst »Schuhe«.

Mit zunehmendem Erfahrungsschatz wächst der Wortschatz eines Kindes, bis es mit fünf Jahren fast alles benennen kann, was es kennt. Die Begriffe werden mit der Zeit immer abstrakter; es werden auch Wörter für etwas gelernt, das man nicht direkt mit den Sinnen wahrnehmen kann, »weil« oder »übermorgen«. Außerdem wird der Wortschatz immer differenzierter: Heißt zunächst alles, was fahren kann, »Auto«, so wird später unterschieden zwischen Auto, Lastwagen, Traktor und Bagger.

Entwicklung der Satzbildung

In der Zeit zwischen dem 13. und dem 18. Lebensmonat sagt ein Kind in der Regel ein Wort und äußert damit einen ganzen Satz. Wir sprechen demzufolge von einem Einwortsatz. Sagt das Kind mit fragendem Tonfall: »Lade?«, dann wird es wahrscheinlich meinen: »Darf ich Schokolade haben?« Hat es dann die Schokolade bekommen und sagt mit einem zufriedenen Gesicht: »Lade!«, dann soll es vielleicht heißen: »Die Schokolade schmeckt gut« oder »Noch mehr Schokolade«.

Den Sinn dieser Einwortsätze können wir nur verstehen, wenn wir den Stimmklang, die Mimik und Gestik sowie die Situation mit einbeziehen.

Allmählich beginnt das Kind zwei Wörter aneinanderzureihen, es entsteht der Zweiwortsatz: »Aft tinten« (Saft trinken). Hierbei hat das Kind bereits eine zweite Wortart in seinen Wortschatz aufgenommen. Es verfügt jetzt nicht mehr nur über Hauptwörter, sondern auch über Tätigkeitswörter.

Immer mehr Wörter werden – oft noch ungebeugt – aneinandergereiht, es entstehen Mehrwortsätze: »Papi Auto weg« (Papi ist mit dem Auto weggefahren). Bei diesen Sätzen ist die Satzstellung bereits korrekt, aber es fehlen noch die notwendigen Füllwörter, die einen Satz erst vollständig und eindeutig werden lassen.

Mit etwa drei Jahren lernt ein Kind den Gebrauch von Fürwörtern und damit auch »Ich« zu sagen. »Ich will ...« oder »Ich kann ...« sind in diesem Alter häufige Satzanfänge.

Der Wortschatz vergrößert sich zusehends. Mit vier Jahren verfügt ein Kind bereits über 2000 Wörter. Mit diesen vielen Wörtern wird das Kind jetzt in die Lage versetzt, seine Äußerungen in Form und Gliederung unserer erwachsenen Sprache anzugleichen. Es bildet längere Sätze und lernt den Gebrauch von Bindewörtern (weil, deshalb usw.), um damit Nebensätze zu konstruieren. Kleinere

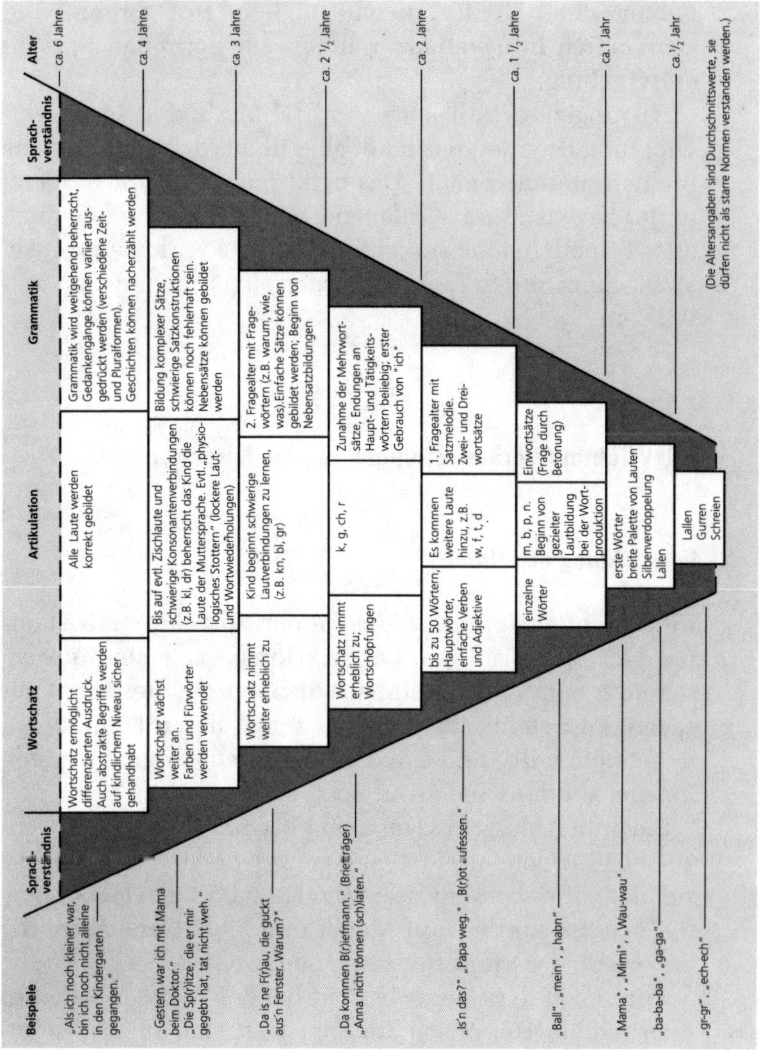

Abbildung 1:
Die Sprachpyramide, © Thieme Verlag

Fehler wie: »Heute bin ich auf dem Hof gerennt und schrecklich hingefallen« gehören zur normalen Sprachentwicklung.

Mit ungefähr fünf Jahren ist die kindliche Sprachentwicklung beendet, das heißt aber nicht, daß sich Sprache nicht weiterentwickelt. Das heißt nur, daß ein Kind jetzt in der Lage ist, seine Gedanken, seine Wünsche und auch alles Erlebte in eine sprachlich korrekte Form zu bringen. Wortschatz und Sprachstil werden sich immer weiter entwickeln.

2.2 Wichtige Voraussetzungen für den Spracherwerb

Entwicklung des Hörens

Eine wichtige Voraussetzung für den Spracherwerb ist das normale Hörvermögen. Ob das Hören der erste Sinn ist, der sich entwickelt, können wir nicht mit Bestimmtheit sagen. Fest steht, daß ein Kind schon hören kann, bevor es geboren wird, und daß die Hörnervenbahnen im ersten Lebensjahr des Kindes nur noch nachreifen.

Die Entwicklung des Hörorgans beginnt in der 3. Schwangerschaftswoche und ist bereits in der ersten Schwangerschaftshälfte abgeschlossen. Das Kind hört den Herzschlag der Mutter, und es hört Musik und laute Geräusche, die außerhalb des Mutterleibes erzeugt werden.

Kurz nach der Geburt besteht bei den meisten Kindern eine leichte Höreinschränkung, weil sich noch Fruchtwasser hinter dem Trommelfell befindet. Trotzdem erkennt das Kind, wie neuere Untersuchungen zeigen, bereits die Stimme der Mutter. Ab dem 3. Lebensmonat kann es seinen Kopf in die Richtung drehen, aus der es Geräusche hört.

In den folgenden Monaten wird das Hörvermögen immer differenzierter. So schafft ein Kind bereits mit einem halben Jahr, Geräusche deutlich voneinander zu unterscheiden, und versucht sie nachzuahmen. Diese Aufmerksamkeit für Töne, Klänge und Geräusche ist wichtig für das Sprechenlernen. Denn nur so lernt ein Kind die unterschiedlichen Sprachlaute zu hören und sie voneinander zu unterscheiden.

Wie alle unsere Sinne kann auch unser Gehörsinn trainiert werden. Er kann allerdings auch verkümmern, etwa in einer lauten Umgebung. Wir können dann die vielen Geräusche, die uns umgeben, nicht mehr registrieren, oder wir »hören weg«, um uns zu schützen. Das Resultat ist, daß wir gegenüber Höreindrücken abstumpfen.

Ein kleines Kind hat noch nicht die Fähigkeit »abzuschalten«. Es nimmt alle Geräusche auf, von denen es umgeben ist, weil es die »wichtigen« von den »unwichtigen« noch nicht unterscheiden kann.

Es ist daher ratsam, daß sich Eltern überlegen, welche unnötigen Geräusche sich vermeiden lassen, wie ein ständig laufendes Radio.

In einem stillen Raum lernt ein Kind, auch leise Töne differenziert wahrzunehmen. Und diese Wahrnehmung benötigt es unbedingt für seine Sprachentwicklung.

- Eine Voraussetzung für den ungestörten Spracherwerb ist ein normales Hörvermögen. Denn nur so kann ein Kind die richtigen Laute und Wörter hören, sie voneinander unterscheiden und aussprechen lernen.

Auch Sehen gehört zum Sprechenlernen

Ein Kind kann bereits im Mutterleib helle und dunkle Schatten erkennen. Wenn es dann geboren ist, verfügt es zusätzlich über die Fähigkeit, ca. 20 Zentimeter weit sehen zu können. Auch wenn es alles noch unscharf wahrnimmt, erkennt es doch das Gesicht seiner Mutter an den Augen. Untersuchungen haben ergeben, daß sich die Augen besonders kontrastreich im Gesicht abzeichnen. So ist das Kind einmal durch das Hören der Stimme, aber auch durch den »Blickkontakt« mit seiner Mutter eng verbunden. Offenbar bekommt ein Kind dadurch die emotionale Sicherheit, die es für seine Entwicklung braucht. Auch wenn Kinder schon sehr viel älter sind und nicht mehr nur die Augen der Mutter wahrnehmen, werden sie oft unruhig, wenn diese nicht in ihrem Blickfeld ist.

Ungefähr ab dem 3. Monat beginnt das Kind, sich für seine Umwelt zu interessieren. Zunehmend erobert es sich diese mit Hilfe des Sehens. Es verfolgt bewegliche Gegenstände mit den Augen oder dreht den Kopf dahin, wo es etwas Interessantes wahrzunehmen gibt.

Das Sehen unterstützt die Entwicklung des Sprachverständnisses, weil das Kind den Gegenstand (den es sieht) mit dem Wort (das es hört) verbindet.

Das Sehen ist auch für die Imitation der Sprechbewegungen wichtig. Zunächst sind die Kinder nur an dem sich bewegenden Mund der Eltern interessiert. Später versuchen sie dann, diese Bewegungen nachzumachen.

Die Bedeutung des Sehens für die Sprachentwicklung läßt sich auch daran ablesen, daß ein hoher Prozentsatz blinder Kinder Sprachentwicklungsverzögerungen hat.

- Das Sehen unterstützt die Entwicklung des Sprachverständnisses, weil das Kind den Gegenstand (den es sieht) mit dem Wort (das es hört) verbindet.

Von der Bewegung zur Sprache

Um ein Wort richtig aussprechen zu können, sind viele verschiedene und schnelle Bewegungen der Mundmuskulatur nötig.

Sie können selbst einmal spüren, wie viele feine und aufeinander abgestimmte Bewegungen erfolgen, wenn Sie das Wort »Trapezkünstlerin« langsam und deutlich sprechen. Spüren Sie, wie die Lippen einmal locker aufeinanderliegen und sich dann öffnen, ein anderes Mal nach vorne gestülpt werden, wie die Zunge unterschiedlich lange am Gaumen liegen bleibt oder schnell gelöst werden muß, wie unterschiedlichste Hals-, Zungen- und Wangenmuskulatur benutzt wird, wie die beiden »e« in dem Wort unterschiedlich klingen und auch mit unterschiedlicher Mundöffnung gebildet werden müssen?

Diese Bewegungsabläufe müssen beim Sprechen automatisiert sein, so daß dabei nicht mehr nachgedacht werden muß. Das ist aber nur möglich, wenn sie oft genug trainiert wurden.

Die komplizierteren Bewegungen im Mundbereich und mit der Hand werden als »Feinmotorik« bezeichnet. Die Entwicklung dieser Feinmotorik ist nur möglich auf der Basis der sogenannten »Grobmotorik«, zu der alle Bewegungen der übrigen Muskulatur gehören.

Zwischen dem ersten und zweiten Lebensjahr trainieren Kinder diese Grobmotorik und entwickeln große körperliche Geschicklichkeit. Wenn wir zweijährige Kinder beobachten, ist es manchmal kaum zu glauben, daß sie erst vor einem Jahr die ersten wackligen Schritte versucht haben.

Je mehr Möglichkeiten ein Kind hat, sich zu bewegen, desto geschickter und differenzierter werden seine Bewegungen. So entwickelt sich allmählich auch die schwierigere Feinmotorik, die für das Ausführen der Sprechbewegung ein hohes Maß an Perfektion erfordert.

Für die Entwicklung der Mundbewegung spielt die Handgeschicklichkeit eine besondere Rolle. Zwischen der Spannung der Hand bzw. der Finger und der Spannung der Mundmuskulatur besteht eine direkte Beziehung. So können wir manchmal bei Kindern beobachten, daß sie bei anstrengenden, schwierigen Schneideversuchen mit der Schere ihre Zunge zwischen die Zähne schieben, und es sieht so aus, als würde die Zunge mitschneiden: Mit jedem Schnitt, den die Hand ausführt, bewegt sich auch die Zunge. Tätigkeiten der Hand haben also einen Einfluß auf die Mundmuskulatur. Unter diesem Gesichtspunkt wird das »Alles-alleine-machen-Wollen« der Kinder – ob es das Essen, Malen, Anziehen, Blumengießen oder Aufwischen ist – nicht nur eine Verbesserung ihres Handgeschickes zur Folge haben, sondern letztlich auch eine Stärkung der Sprechmuskulatur bedeuten.

Für die Handgeschicklichkeit ist es völlig gleichgültig, ob ein Kind die linke oder die rechte Hand bevorzugt. Die sogenannte Händigkeit ist genetisch festgelegt. Sie entwickelt sich mit zunehmender Hirnreifung und ist eine individuelle Eigenschaft wie auch die Augenfarbe. Linkshändigkeit wurde in unserer Kultur lange als Makel angesehen. Auch heute noch glauben viele Menschen, daß man Kindern die angeblich bessere Rechtshändigkeit anerziehen müsse.

In unserem Sprachgebrauch sind noch Spuren dieser Diskriminierung zu finden: »Der hat doch zwei linke Hände! Das ist ein ganz linker Typ! Den laß ich links liegen«, während rechts mit »Recht« und »richtig« in Verbindung gebracht wird: »Das Herz am rechten Fleck«.

Eltern können ganz beruhigt zuschauen, wie ihr Kind immer sicherer eine Hand für feinere motorische Aufgaben wie Essen, Malen, Schleife binden o. ä. bevorzugt.

Wird ein linkshändiges Kind »umerzogen« auf die rechte Hand, kann das ernsthaftere Folgen haben, als allgemein angenommen wird: Es können Verhaltensauffälligkeiten oder Sprachschwierigkeiten auftreten, weil das Kind, wenn es nicht seine »richtige« Hand benutzen darf, ständig überfordert ist.

Wenn Sie mehr zu diesem Thema wissen möchten, empfehlen wir Ihnen folgende Bücher:

Rik Smits: »Alles mit der linken Hand«. Geschick und Geschichte einer Begabung (1995)
Barbara Sattler: »Der umgeschulte Linkshänder oder der Knoten im Gehirn« (1996)

Außerdem können Sie sich an folgende Adressen wenden:

Beratungsstelle für
Linkshändigkeit
ONRS Sendlicherstr. 17
80331 München

Linkshandversand
bei Elisabeth Höhn
Pfälzerstr. 20
65551 Worms

- Für die Sprachentwicklung ist es wichtig, daß Kinder sich viel bewegen dürfen, damit sie immer geschickter werden und auch mit einzelnen Körperteilen differenziertere Bewegungen ausführen können.
- Die feinen, schnellen und aufeinander bezogenen Sprechbewegungen des Mundes und der Zunge kann ein Kind erst dann ausführen, wenn es gelernt hat, einzelne Körperteile geplant und gezielt zu bewegen. Dabei kommt der Bewegungsfähigkeit der Hand eine besondere Bedeutung zu.
- Lassen Sie Ihr Kind *die* Hand benutzen, die es von selbst wählt.

Über das Greifen zum »Begreifen«

Ein Kind erfährt die Umwelt nicht nur über Hören und Sehen, sondern auch mit Hilfe seines Tastsinnes. Über die Haut nimmt es Kontakt auf zu allem, was es umgibt.

Wahrscheinlich ist die Haut unser erstes und vielleicht auch wichtigstes Kontaktorgan. Sie umschließt unseren ganzen Körper und jedes einzelne Organ und reagiert auf alles, was wir empfinden. Sie signalisiert uns, wenn eine Bedrohung besteht, indem uns z. B. eine »Gänsehaut« überfällt, und sie vermittelt uns ein angenehmes Gefühl, wenn wir gestreichelt werden.

Nur über Hautempfindungen können Begriffe wie »warm, kalt, weich, kratzig« Bedeutung für das Kind gewinnen.

Kinder begreifen ihre Umwelt, indem sie sie »begreifen«. Alles, was das Kind in seinem Umkreis erreichen kann, nimmt es in die Hand und steckt es sogar in den Mund.

Die Haut im Mund ist besonders sensibel und gibt kleinen Kindern genauere Informationen über die Gegenstände als nur das Anfassen. Auch bei der Bildung von Lauten spielen die Hautempfindungen eine Rolle. Zu Beginn der Lallphase produzieren Kinder immer neue »Lallmonologe«, weil sie spüren, daß es sich gut anfühlt, wenn sie sich mit der Zunge am Gaumen berühren.

Hierbei erfahren sie auch, wo sie sich mit der Zunge im Mundbereich berühren müssen, um einen bestimmten Laut zu sprechen. Für die Bildung eines Lautes ist aber nicht nur die richtige Berührungsstelle entscheidend, sondern auch, wie lange und mit welchem Druck die Zunge diese berührt und wie die genaue Lage der Zunge ist. Wenn wir die Wörter »Wahn« und »wann« vergleichen, so liegt die Zunge bei dem Laut »n« an einer etwas anderen Stelle im Mund; auch die Dauer des Zungenkontaktes mit dem Gaumen ist – wenn auch geringfügig – unterschiedlich. Alle diese differenzierten Bewegungen im Mundbereich sind über den Tastsinn zu kontrollieren.

- Durch das Tasten und Begreifen der verschiedenen Gegenstände wird die Begriffsbildung unterstützt.

- Die Bildung der unterschiedlichen Laute ist nur möglich, wenn mit Hilfe des Tastsinns die Sprechbewegungen gesteuert werden.

Entwicklung der Konzentrationsfähigkeit

Um einen so komplizierten Vorgang wie das Sprechen wirklich lernen zu können, müssen wir in der Lage sein, konzentriert alle uns erreichenden Eindrücke zu speichern und zu bündeln.

In manchen Tagessituationen erledigen wir als Erwachsene viele Dinge gleichzeitig, manchmal ohne es zu bemerken oder auch nur darüber nachzudenken, wie etwa beim Autofahren. In den ersten Fahrstunden haben wir unsere volle Konzentration für die Bedienung des Autos und für den Verkehr gebraucht und konnten an nichts anderes denken. Uns ging es dabei ähnlich wie einem kleinen Kind, das seine ersten Schritte macht. Es braucht zuerst einmal seine volle Konzentration für sein Gleichgewicht und die Bewegungsabläufe. Wenn Eltern bei diesen ersten Schritten zuschauen, halten sie die Luft an und vermeiden selbst das leiseste Geräusch, um diese Konzentration nicht zu unterbrechen.

Daß wir als Erwachsene in der Lage sind, mehrere Dinge gleichzeitig und zielorientiert zu tun, hängt damit zusammen, daß wir in unserer Kindheit einzelne Fähigkeiten erworben haben und auch gelernt haben, diese miteinander zu verknüpfen. So müssen wir nicht mehr darüber nachdenken, wie eine Jacke zugeknöpft werden muß, selbst wenn wir diese Jacke zum erstenmal in der Hand halten. Das ist nicht nur eine Frage der Übung, sondern auch der Konzentration. Jeder Knopf ist anders (das muß ich sehen), jeder Stoff ist unterschiedlich weich (das muß ich spüren), die Knopflöcher sind schräg oder gerade (das muß ich erkennen) und je nachdem muß ich mit unterschiedlicher Bewegung und unterschiedlichem Druck den Knopf ins Knopfloch schieben.

Auch das Sprechen ist ein höchst automatisierter Prozeß: So wissen wir in der Regel sofort die Bezeichnung für einen Gegenstand, den wir kennen, und die Lautfolge dieses Wortes kommt uns automatisch »aus dem Mund«. Genauso können wir einfache, aber auch komplizierte Sätze bilden, ohne darüber nachzudenken, welches Wort als nächstes gesagt werden muß, damit der Satz grammatikalisch richtig wird.

Die Automatisierung von Tätigkeiten war nur möglich, weil wir alle Sinneswahrnehmungen miteinander verknüpfen konnten. Dem liegt einerseits unsere körperliche Reifung und andererseits unsere Konzentrationsfähigkeit zugrunde.

Ebenso wie Sinneswahrnehmungen kann die Konzentrationsfähigkeit gehemmt oder gefördert werden.

- Damit Kinder in der Lage sind, Fähigkeiten wie z. B. Sprechen zu automatisieren, benötigen sie unter anderem ein hohes Maß an Konzentration.

2.3 Entwicklung der Sprache bei Mehrsprachigkeit

Die Bedeutung von Mehrsprachigkeit hat in den vergangen Jahren stark zugenommen. Informationen zu diesem Thema sind noch wenig verbreitet. Wir haben uns deshalb entschlossen, ausführlicher auf dieses Thema einzugehen (vgl.auch Kapitel 6.9).

Je nachdem, zu welchem Zeitpunkt ein Kind eine zweite Sprache erlernt, wird unterschieden zwischen Zweitspracherwerb oder Doppelspracherwerb, bzw. Mehrspracherwerb.

Beim Zweitspracherwerb lernt das Kind zunächst nur seine Muttersprache. Dabei durchläuft es alle im Kapitel 2 beschriebenen Entwicklungsschritte. Dieser ungestörte Muttterspracherwerb ist Voraussetzung für den Zweitspracherwerb.

Je nach den Gebräuchen der Familie, in der das Kind aufwächst, verläßt es ungefähr im Alter von zwei Jahren zunehmend den häuslichen Rahmen und damit auch die Kultur der einen Sprache. Es lernt beim Spielen deutschsprachige Kinder kennen, es kommt vielleicht in einen Kindergarten mit deutschsprachigen Erzieherinnen und Erziehern, es hört die Unterhaltung der Erwachsenen auf der Straße, im Bus und in den Geschäften, es nimmt die in Rundfunk und Fernsehen gesprochene Sprache wahr. Es beginnt, die zweite Sprache zu lernen, und kann dabei, weil es ja seine Muttersprache schon gelernt hat, einige Entwicklungsschritte überspringen. Kommt es zu einem regelmäßigen Kontakt mit der neuen Sprache und wird von den Eltern ein unbefangener Umgang mit dieser anderen Sprache vorgelebt, so können die meisten Kinder die zweite Sprache in relativ kurzer Zeit altersgemäß sprechen.

Beim Doppelspracherwerb erlebt das Kind von Geburt an zwei Sprachen: die des Vaters und die der Mutter. Wenn beide Sprachen konsequent und gleichberechtigt angeboten werden, verbindet das Kind mit jeder Sprache eine bestimmte Person und seine emotionale Beziehung zu diesem Menschen. Nur so kann es beide Sprachen voneinander trennen. Das ist für den Doppelspracherwerb unbedingt erforderlich, denn die beiden Sprachen haben ganz verschiedene Regelsysteme.

Mehrspracherwerb bedeutet, daß ein Kind zusätzlich zu den zwei verschiedenen Sprachen von Mutter und Vater noch eine dritte Sprache erlernt. Das ist der Fall, wenn keiner der beiden Eltern die Landessprache als Muttersprache hat.

- Der Erwerb der Muttersprache ist die Voraussetzung für das Erlernen weiterer Sprachen.
- Wenn die Sprachen klar getrennt werden und gleichberechtigt nebeneinander existieren dürfen, kann der Erwerb verschiedener Sprachen ganz natürlich im Alltag erfolgen.

3

Störungen der Sprachentwicklung

Obwohl es beim Erlernen einer Sprache typische Entwicklungsschritte gibt, lernt jedes Kind auf seine eigene Art und in seinem eigenen Tempo.

Bleibt bei einem Kind eine Entwicklungsstufe aus, heißt das noch lange nicht, daß dieses Kind eine Sprachstörung haben muß.

Es macht vielleicht seine Entwicklung sprunghaft oder ist dabei, zunächst andere Fähigkeiten auszubauen, so daß die Sprachentwicklung für eine Weile nicht weitergeht.

Auf Seite 23 finden Sie eine Tabelle mit Altersangaben für die einzelnen Entwicklungsschritte. Sollte die Sprachentwicklung Ihres Kindes erheblich von diesen Durchschnittswerten abweichen oder Ihr Gefühl Ihnen sagen, daß irgend etwas nicht stimmt, lassen Sie sich von Fachleuten beraten. An wen Sie sich wenden können, finden Sie unter 8.

Im folgenden beschreiben wir die häufigsten Störungen der Sprachentwicklung. Um Ihnen das Verstehen von Arztberichten oder logopädischen Untersuchungsbefunden zu erleichtern, haben wir die entsprechenden Fachwörter in *kursiver* Schrift beigefügt.

Eingeschränktes Sprachverständnis

Ein Kind kann gesprochene Sprache gar nicht oder nicht so gut wie Gleichaltrige verstehen, obwohl sein Gehör in Ordnung ist.

Eingeschränkter Wortschatz

Der Wortschatz *(das Lexikon)* eines Kindes entspricht nicht der altersgemäßen Entwicklung.

Dabei kann es sein, daß ein Kind einfach sehr viel weniger Wörter spricht als Gleichaltrige oder ein Wort für viele Wörter benutzt, »Auto« für alles, was fährt *(Übergeneralisierung)*, obwohl es mit vier Jahren alt genug wäre, ein Auto von einem Laster oder einem Kran zu unterscheiden und sie auch entsprechend zu benennen.

Fehlerhafte Aussprache *(Artikulationsstörung)*

Ein Kind kann bestimmte Laute nicht richtig aussprechen *(Dyslalie)*:

Beispiel: »Blume«.

Es läßt einen Laut weg: »Bume«.

Es ersetzt ihn durch einen anderen Laut: »Brume«.

Es sagt statt dessen einen Laut, der in unserer Sprache nicht vorkommt: Zungenschnalzen für das [l] in Blume.

Es kann sein, daß das Kind nur einen oder zwei Laute nicht bilden kann *(partielle Dyslalie)*, daß mehrere Laute betroffen sind *(multiple Dyslalie)* oder daß die meisten Laute noch nicht richtig gebildet werden *(universelle Dyslalie)*.

Zu den Aussprachestörungen gehört auch das sogenannte Lispeln, bei dem der Laut »s« fehlgebildet wird, z. B. mit der Zunge zwischen den Zähnen.

Alle Kinder haben bis zu einem gewissen Alter entwicklungsbedingte Aussprachefehler *(physiologische Dyslalie).*

Manche dreijährige Kinder können beispielsweise die schwierige Bewegung für den Laut »k« noch nicht ausführen und sagen: »Tinderdarten«. Würde ein Fünfjähriger das gleiche tun, wäre das nicht altersgemäß, sondern eine Aussprachestörung.

Fehlerhafte Grammatik *(Dysgrammatismus)*

Das Kind kann keine oder nur unvollständige Sätze bilden: »Heute gehen Spielplatz.«

Es kommt bei der Reihenfolge der Wörter in einem Satz durcheinander: »Ich nicht Zitrone gerne essen.«
Oder es hat Schwierigkeiten mit den verschiedenen Wortformen:

»Ich bin gegangt.«

»Kann ich eine Apfel haben?«

»Ist meiner Buch.«

Ebenso wie fehlerhafte Aussprache kennzeichnet fehlerhafte Grammatik bestimmte Entwicklungsstufen des Spracherwerbs, die alle Kinder durchlaufen *(physiologischer Dysgrammatismus).*

Sprachentwicklungsverzögerung

Verläuft die Sprachentwicklung eines Kindes in allen Bereichen zwar in ähnlichen Schritten wie bei anderen Kindern, jedoch zeitlich verzögert, dann spricht man von einer *Sprachentwicklungsverzögerung.*

Sprachentwicklungsstörung

Hat ein Kind eine Sprachverständnisstörung, einen eingeschränkten Wortschatz, eine fehlerhafte Aussprache, einen Dysgrammatismus und ist in seiner Entwicklung mindestens um ein halbes Jahr verzögert, hat es eine *Sprachentwicklungsstörung*. Dabei können die verschiedenen Bereiche ganz unterschiedlich stark betroffen sein. So gibt es Kinder, die über einen relativ großen Wortschatz verfügen, mit der Grammatik jedoch Schwierigkeiten haben. Hat ein Kind Sprachverständnisprobleme, werden auch Wortschatz und Grammatik mitbetroffen sein.

Spezielle Sprachstörungen bei Mehrsprachigkeit

Wenn ein Kind mehrsprachig aufwächst und beide Sprachen mischt, spricht man von *mangelnder Trennungsfähigkeit*. Das kann geschehen, wenn ein Kind im Erwerb seiner Muttersprache beeinträchtigt ist. Hält diese Verunsicherung an, kann es zur *doppelten Halbsprachigkeit* kommen. Das bedeutet, daß ein Kind in beiden Sprachen Schwierigkeiten mit der Entwicklung von Wortschatz, Aussprache und Grammatik hat.

Nichtsprechen

Bleibt die Sprachentwicklung aus und das Kind spricht gar nicht oder nur einige Wörter, so hat es die schwerste Form der Sprachentwicklungsstörung: eine *Alalie*.

Stottern

Wenn ein Kind beim Sprechen manchmal »hängenbleibt« und dabei Laute, Silben, Wörter oder ganze Satzteile wiederholt, ist es in seinem Redefluß gestört. Treten diese »Unflüssigkeiten« länger als ein halbes Jahr immer wieder auf, spricht man von Stottern *(Balbuties).*

Dabei können etwa bei dem Wort »Wasser« folgende Symptome auftreten:

- lockere Wiederholungen »Wa-wa-wa-wasser«
- blockierter Redefluß »Wwwwwwasser«
- gedehnte Vokale »Waaaaaasser«
- vorübergehendes Stocken der Atmung »W.......... ....asser«
- Mitbewegungen wie die Augen schließen, Kopfbewegungen, mit dem Fuß aufstampfen.

Bei schwerem Stottern werden bei dem Kind starke Gefühle ausgelöst: Wut, weil es sich nicht so ausdrücken kann, wie es möchte, oder Angst vor dem nächsten Block oder Scham, weil die Mitbewegungen auf andere sehr befremdend wirken. Stottern hat auch auf den Gesprächspartner des Kindes eine Wirkung, man spricht darum auch von einer Kommunikationsstörung.

Bei Kindern zwischen drei und vier Jahren kommt es vor, daß sie überfordert sind, alle ihre schnell aufeinanderfolgenden Gedanken und Gefühle flüssig in Worte zu fassen. Sie »stottern« dann vor lauter Mitteilungsbedürfnis, wiederholen vielleicht auch Silben, Wörter oder Satzteile, fühlen sich selber aber kaum gestört und sprechen munter weiter.

Diese Phase in der regulären Sprachentwicklung wird als *physiologisches Stottern* bezeichnet und verschwindet mit zunehmender sprachlicher Gewandtheit von selbst. Von entscheidender Bedeutung ist in dieser Zeit das Verhalten der Eltern (vgl. Kapitel 5).

Poltern

Wenn ein Kind so schnell spricht, daß es dabei Silben, ganze Wörter und Satzteile wegläßt und man es daher oft nicht verstehen kann, spricht man von *Poltern*. Es kommt manchmal in Verbindung mit Stottern vor.

Näseln

Beim Näseln *(Rhinophonie)* ist der Stimmklang verändert.

Bei geschlossenem Näseln *(rhinophonia clausa)* kommt zu wenig Luft durch die Nase, wie bei einem starken Schnupfen. Bei offenem Näseln *(rhinophonia aperta)* kommt zu viel Luft durch die Nase. Manche Kinder verbrauchen dabei so viel Luft, daß sie beim Sprechen sehr kurzatmig sind. Hat ein Kind sowohl die eine als auch die andere Form des Näselns, spricht man von einem gemischten Näseln *(rhinophonia mixta)*.

Stimmstörungen

Ist die Stimme eines Kindes über Wochen und Monate heiser, sehr viel höher oder tiefer als sonst, hat dieses Kind eine Stimmstörung *(Dysphonie)*.

Die Begriffe »Eigensprache«, »Mutismus« und »Autismus« bezeichnen Störungen, die zwar die Sprache betreffen, aber nicht zu den Sprachstörungen zählen.

Von Eigensprache spricht man, wenn Kinder – meist Zwillinge – miteinander in einer Sprache sprechen, die für andere unverständlich ist.

Mutismus bezeichnet eine psychische Störung, bei der ein Kind, obwohl es sprechen kann, das Sprechen mit einem bestimmten oder allen Gesprächspartnern verweigert. Die Ängste, die ein Kind dazu bringen, müssen erheblich sein und bedürfen psychotherapeutischer Behandlung.

Autismus ist eine tiefe Beziehungsstörung, die so weit gehen kann, daß Kinder kaum oder gar keinen Kontakt zur Umwelt aufnehmen können.

4

Ursachen für Störungen der Sprachentwicklung

Bevor sich Eltern zum ersten Mal fachlich beraten lassen, haben sie sich häufig bereits die Frage nach den Ursachen gestellt. Oft sind sie damit nicht weitergekommen. Ein Grund dafür ist, daß es nie nur eine Ursache für eine Sprachstörung gibt.

Ursachen lassen sich zwar getrennt beschreiben, stehen aber in ständiger Wechselwirkung miteinander.

Manchmal stellen Eltern die Frage, ob Sprachstörungen vererbbar sind, weil sie selbst oder nahe Verwandte als Kind Sprachschwierigkeiten hatten. Eine Vererbung von Sprachstörungen ist nicht nachgewiesen. Es gibt Familien, deren Angehörige eher zu einer Sprachstörung neigen als die anderer Familien, doch bis auf diese Veranlagung ist keine direkte Vererbung von Sprachstörungen erwiesen. Ob diese Sprachschwäche nur zu einer langsameren Sprachentwicklung führt oder das Kind eine Sprachstörung bekommt, hängt entscheidend von seinem sozialen Umfeld und dem Verhalten der Eltern ab.

Es gibt eine Vielzahl organischer Ursachen. Für ihre Abklärung sind gezielte Untersuchungen erforderlich. Ein Teil dieser Ursachen kann durch medizinische Maßnahmen behoben werden.

Manchmal ist das ausreichend. Im anderen Fall wird es

darum gehen, Förderungsmöglichkeiten zu finden, die das Kind in seiner Entwicklung unterstützen.

Bei der Beschreibung der Ursachen haben wir grob zwischen organischen und psychischen Ursachen unterschieden.

4.1 Organische Ursachen

Eingeschränktes Hörvermögen

Ein intaktes Gehör ist eine der wichtigsten Voraussetzungen für den Spracherwerb.

Schon bei einer leichten Hörstörung kann es zu einer Aussprachestörung kommen. Bei mittelgradiger Ausprägung ist eine Sprachentwicklungsstörung möglich. Bei einer schweren Hörstörung oder bei Gehörlosigkeit ist der Spracherwerb deutlich verzögert und nur mit gezielter Unterstützung möglich.

Für alle Hörstörungen gilt, daß ihre Auswirkungen nur dann begrenzt werden können, wenn sie so früh wie möglich erkannt und behandelt werden, z. B. durch eine Operation, ein Hörgerät oder eine gezielte Frühförderung. Selbst wenn Eltern nur »ein Gefühl« haben, daß das Gehör beeinträchtigt sein könnte, ist eine Abklärung zu empfehlen, damit eine mögliche Hörstörung nicht übersehen wird.

Veränderungen im Nasen-Rachen-Raum

Im Nasen-Rachen-Raum liegen die Organe, die wir zum Sprechen brauchen: Mundhöhle, Zähne, Zunge, Gaumen, Nase, Hals und Kehlkopf. Sind Teile davon durch Lähmungen, Verletzungen oder Fehlbildungen – wie Lippen-

Kiefer-Gaumenspalten – verändert, können Aussprache und Stimmklang beeinträchtigt sein. Eine mögliche, oft unterschätzte Veränderung ist eine Vergrößerung der Nasenmandeln (Polypen). Sie befinden sich genau da, wo eine kleine Röhre, die aus dem Mittelohr kommt, einmündet (Tube). Mit Hilfe dieser Röhre wird bei jedem Schlucken das Mittelohr belüftet – Sie können das kleine »Knack« im Ohr hören, wenn Sie schlucken. Diese Belüftung ist Voraussetzung für ein gutes Hörvermögen. Hat ein Kind vergrößerte Nasenmandeln, behindern diese den Hörvorgang, und das Kind kann eine leichte bis mittelgradige Hörstörung haben. In der Phase des Spracherwerbs kann das zu einer Sprachentwicklungsverzögerung führen. Wenn ein Kind über einen längeren Zeitraum durch den Mund atmet und nachts schnarcht, ist eine Untersuchung beim Hals-Nasen-Ohren-Arzt zu empfehlen.

Allgemeine Entwicklungsverzögerung

Ist die körperliche Entwicklung – aus welchen Gründen auch immer – verzögert, so ist auch die Sprachentwicklung mitbetroffen, denn Entwicklung verläuft nach einem Bausteinprinzip, bei dem die verschiedenen Bereiche sich gegenseitig bedingen.

Bewegungsstörungen

Bewegungsstörungen können einerseits die gesamte Entwicklung beeinträchtigen und dadurch eine der Ursachen für Sprachentwicklungsstörungen sein. Sie können andererseits die zum Sprechen nötige Motorik betreffen und so die Aussprache und die Stimmgebung erschweren. Dabei können die anderen Sprachbereiche (Sprachverständnis, Wortschatz, Grammatik) gut entwickelt sein.

Zu den Bewegungsstörungen gehören unter anderem zerebrale Bewegungsstörungen wie Spastik und Lähmungen.

Beeinträchtigung der geistigen Entwicklung

Denken und Sprache stehen in direktem Zusammenhang. Ist die geistige Entwicklung verzögert, eingeschränkt oder behindert, kann auch die Sprachentwicklung betroffen sein.

Es gibt Kinder, deren geistige Entwicklung nicht altersgemäß ist und die trotzdem nur eine leichte Sprachentwicklungsverzögerung haben. Umgekehrt gibt es Kinder, die in ihrer geistigen Entwicklung nur wenig zurückliegen und dennoch große Sprachschwierigkeiten haben. Das ist leichter zu verstehen, wenn man bedenkt, daß es nie nur eine Ursache für eine Sprachstörung gibt und daß sich außerdem jedes Kind individuell entwickelt.

4.2 Psychische Ursachen

Sprache vermittelt nicht nur Inhalte, sondern ist auch immer Ausdruck der Beziehung zwischen den Gesprächspartnern. Daher hat jede Sprachstörung einen psychischen Anteil, und jede Situation, die die Beziehungen in einer Familie beeinträchtigt, kann Mitauslöser für Sprachschwierigkeiten sein.

Dabei ist es sehr subjektiv, was als eine belastende Situation empfunden wird. Denn auf die gleiche Situation reagieren verschiedene Kinder – und Erwachsene – ganz unterschiedlich.

So kann die Trennung der Eltern einem Kind Erleichterung bringen und seine Entwicklung begünstigen, weil die belastende Situation aufgehoben ist, während ein anderes Kind durch die Trennung der Eltern so stark belastet ist, daß seine Entwicklung ins Stocken gerät.

Die Situation selbst muß also nicht zwangsläufig eine psychische Ursache für eine Sprachstörung sein. Entscheidend ist, wie ein Kind auf sie reagiert. Daher ist jeweils individuell zu klären, welche Situationen ein Kind nicht oder nur sehr schwer ohne fremde Hilfe bewältigen kann.

Außerdem spielt es eine große Rolle, wie Eltern mit der Situation umgehen, ob sie sich beispielsweise mit Schuldgefühlen plagen, andere für ihre Situation verantwortlich machen oder selber Verantwortung für ihre Entscheidungen übernehmen.

Für Kinder ist es wesentlich, ob die Eltern sie darüber aufklären, was gerade geschieht, oder sie ihren Phantasien überlassen. Es ist ein Merkmal kindlicher Psyche, Erlebnisse mit anderen stark auf sich selber zu beziehen. Entbrennt beispielsweise gerade ein heftiger Streit zwischen den Eltern, während ein Kind das Zimmer betritt, kann es passieren, daß das Kind annimmt, es selber sei der Grund für die Auseinandersetzung gewesen. Diese Annahme kann, wenn sie immer wieder Bestätigung findet, zu einem mangelnden Selbstwertgefühl führen, und das wiederum kann die Sprachentwicklung hemmen.

Es gibt Lebenssituationen, in denen Eltern in ihre eigenen Gefühle zu stark verstrickt sind, um für genügend Klarheit für das Kind zu sorgen. Dazu gehören: Partnerschaftskrisen, Trennung der Eltern, langanhaltende Auseinandersetzungen, Tod eines Familienmitgliedes, Depressionen eines Elternteils, längerfristige Trennung der Familienmitglieder oder Gewalt in der Familie.

Außerdem können folgende Situationen ein Kind seelisch belasten: Erziehungsunsicherheiten der Eltern (Überbehütung, Vernachlässigung, unterschiedliche Erziehungsstile der Elternteile), Geschwisterkonstellationen, lange Krankenhaus- oder Heimaufenthalte des Kindes.

Oft ist es für Eltern nicht einfach, den Zusammenhang zwischen einer bestimmten Situation und der daraus resultierenden Entwicklungshemmung eines Kindes zu erkennen, sie sind sozusagen »betriebsblind«. Dann können Beratungsgespräche mit Fachleuten entlasten und Klarheit bringen.

Wenn eine psychische Ursache für eine Entwicklungsstörung erkannt wird, ist es oft gar nicht so schwer, die Situation zu ändern oder besser mit ihr klarzukommen.

Es ist immer wieder erstaunlich, wie schnell Kinder Entwicklungsrückstände aufholen, wenn belastende Faktoren aufgehoben oder zumindest abgeschwächt werden.

Aber auch in Situationen, die nicht zu ändern sind (der Tod eines Familienmitgliedes), ist es möglich, das Kind mit professioneller Hilfe zu stützen.

5

Eltern fragen: »Wie verhalten wir uns richtig?«

Für die Entwicklung und natürlich auch für die Sprachentwicklung Ihres Kindes ist es von entscheidender Bedeutung, wie Sie sich ihm gegenüber verhalten.

Es hat eine Auswirkung,

– ob Sie alles ängstlich verfolgen und beobachten oder die Entwicklung gelassen abwarten können,

– ob Sie sich ärgern über die undeutliche Aussprache Ihres Kindes oder ihm das Gefühl geben, daß es trotzdem gut verstanden wird.

Ihr sprachauffälliges Kind kann durch Ihr Verhalten bestärkt werden, einfach drauflos zu plappern, ohne Rücksicht auf die Richtigkeit seiner Sprache, und sich somit die Voraussetzung erhalten, daß sich seine Sprache weiterentwickeln kann. Oder es kann seine Unbefangenheit verlieren und sich immer mehr in sich zurückziehen.

Immer wieder treffen wir völlig verunsicherte Eltern, die mit ihren Kindern zu uns kommen und nun gar nicht mehr wissen, wie sie sich verhalten sollen.

Sie bekommen gute Ratschläge von allen Seiten. Die einen sagen: »Du mußt dich nicht wundern, daß dein Kind nicht sprechen lernt, wenn du auch immer gleich alles verstehst«, und die anderen sagen: »Wart' nur ab, wenn dein Kind älter wird, spricht es von alleine.«

Oft sagt den Eltern ihr Gefühl, daß weder die eine noch

die andere vorgeschlagene Verhaltensweise geeignet sein wird, ihrem Kind zu helfen. Sie sind etwas ratlos und haben viele Fragen.

Auf Fragen, die immer wieder an uns gestellt werden, möchten wir im folgenden eingehen.

Sollen wir unser Kind verbessern?

Die Kritik an der Sprache des Kindes ist nicht nur sinnlos, sie schadet auch. Sie hilft dem Kind nicht, seine Sprachstörung zu überwinden, sondern beeinträchtigt allenfalls seine Sprechfreude.

Vielen Eltern ist wahrscheinlich gar nicht klar, daß sie Kritik üben, wenn sie zu ihrem stotternden Kind sagen: »Sprich langsam«, »Sag es noch einmal« oder ganz besonders deutlich und langsam »Wind-Schutz-Scheibe« vorsprechen. Versuchen Sie einmal, sich selbst in die Lage des Kindes zu versetzen: Stellen Sie sich vor, Sie erzählen einem Gesprächspartner etwas, das Sie sehr bewegt, und dieser unterbricht Sie mit Bemerkungen wie »Sprich doch nicht so hastig«, oder »Heute fällt aber dein Dialekt sehr auf!«

Vermutlich würde Ihnen dabei jede Lust vergehen weiterzuerzählen. Den Kindern geht es nicht anders. Viele ziehen es ebenfalls vor, nichts mehr zu sagen, wenn sie ständig kritisiert werden.

Sprache aber kann sich nur entwickeln, wenn sie benutzt wird, wenn also das Kind unbefangen weiterspricht, auch wenn es sich noch nicht so gut ausdrücken kann.

Selbst für Kinder, die anders reagieren und sich nicht wortkarg und verschlossen zurückziehen, sondern scheinbar unbekümmert weitersprechen, ist die Kritik ihrer Umgebung eine Belastung, die auf die Dauer ihre Auswirkungen hat. Ein gesundes Selbstwertgefühl kann sich nicht entwickeln, wenn einem täglich sprachlich und nichtsprachlich gesagt und gezeigt wird, daß man nicht der gewünschten Norm entspricht.

Wenn diese Kinder dann endlich – meist verspätet – zu einer Sprachbehandlung gebracht werden, ist oft nicht mehr nur die Sprachstörung zu behandeln, sondern auch die durch die Kritik der Umwelt entstandene Verhaltensstörung.

Kinder, die von ihren Eltern seltener kritisiert wurden, können ihre Therapien oft schneller beenden als andere, deren Eltern »alles versucht« haben.

Um die Sprache eines Kindes zu fördern – auch und gerade wenn es Fehler macht –, reicht es, ihm die Gelegenheit zu geben, die richtige Ausdrucksweise noch einmal zu hören. Sie können also als Eltern das von Ihrem Kind Formulierte noch einmal richtig sagen. Das könnte so geschehen:

K: »Lade haben!«

E: »Du möchtest Schokolade haben?«

Jetzt hat Ihr Kind die richtigen Wörter noch einmal gehört und wird sich merken, was seinem nächsten Sprachentwicklungsschritt entspricht, das Wort »möchte« oder »Schokolade«. Außerdem können Sie auf diese Weise feststellen, ob Sie Ihr Kind richtig verstanden haben. Das ist ja gerade bei Kindern mit Sprachschwierigkeiten nicht selbstverständlich. Die Wiederholung macht es Ihrem Kind auch möglich, Einspruch zu erheben. Der Dialog könnte dann möglicherweise so weitergehen:

K: »Nein! Lade haben!«

E: »Du willst keine Schokolade haben? Was willst du denn?«

K: »LADE HABEN!«

Viele sprachauffällige Kinder können ihre Ausdrücke noch gar nicht variieren und wiederholen zunehmend verzweifelt oder sogar wütend immer denselben Ausdruck, den das Gegenüber nicht versteht. Wenn Sie dann mit Ihrem Kind trotzdem im Gespräch bleiben, ist das die beste Art der Sprachförderung, denn es geht Ihrem Kind um etwas sehr Wichtiges, was es Ihnen sagen möchte.

Sprechen Sie aus, daß Sie es nicht verstanden haben, fragen Sie nach, oder lassen Sie sich zeigen, was Ihr Kind meint.

E: »Ich habe dich nicht verstanden. Kannst du mir zeigen, was du meinst?«

Das Kind zieht den Erwachsenen zum Schrank und zeigt auf die Schubladen.

E: »Ach, du möchtest etwas aus der Schublade haben?«

K: »Ja«

E: »Ach so, aus der Schublade – und ich habe Schokolade verstanden. Was möchtest du denn?«

K: »Pier«

E: »Papier?«

K: »Ja.«

E: »O.k., hier ist Papier. Möchtest du malen?«

- Sprechfreude ist wichtiger als Sprechfertigkeit.
- Erhalten Sie Ihrem Kind die Sprechfreude, indem Sie auf jegliche Kritik seiner Sprache verzichten.
- Wenn Sie Ihrem Kind die Gelegenheit bieten, das von ihm Gesagte noch einmal richtig zu hören, fördern Sie die Sprachentwicklung Ihres Kindes.

Können wir mit unserem Kind üben?

Es ist naheliegend, daß die meisten Eltern versuchen, ihrem Kind die fehlenden Laute beizubringen. Damit sind die Eltern als Laien aber wirklich überfordert. Vielleicht erlernt das Kind tatsächlich das »sch«, aber es sagt trotzdem immer noch »Sule«. Eltern denken dann oft, ihr Kind müsse sich nur genügend anstrengen, dann würde es schon klappen. Das stimmt aber nicht. Zwischen dem Erlernen eines neuen Lautes und der Anwendung desselben im Wort oder gar in der Spontansprache liegt eine große Spanne, die nur durch viele kleine Lernschritte überwunden werden kann. Diese Lernschritte sind den Eltern jedoch nicht bekannt. So überfordern sie sich und das Kind, das daraufhin entweder bockig oder gehemmt reagiert.

Außerdem entmutigen die geringen Erfolge sowohl die Eltern als auch das Kind, und eine Sprachbehandlung muß in der Regel trotzdem erfolgen. Nur ist sie dann oft langwieriger und mühsamer, weil das Kind nicht mehr unbefangen ist.

Indem die Eltern Sprachübungen mit dem Kind machen, schlüpfen sie in die Rolle von Lehrern. Das Kind kann aber gar nicht verstehen, warum und wann die Eltern einmal eine fürsorgende und einmal eine leistungsfordernde Rolle einnehmen. Diese Doppelrolle ist für das Kind schwer zu verstehen.

- Üben Sie nicht mit Ihrem Kind, damit Ihr Kind unbefangen bleibt.
- Beschränken Sie sich darauf, allgemeinere sprachfördernde Maßnahmen anzuwenden, wie sie im 6. Kapitel »Was können Eltern tun?« vorgeschlagen werden. Vorrangig ist dabei der Spaß am Spiel und nicht das Lernen.

Sollen wir unser Kind nachsprechen lassen?

Kinder erlernen die Sprache über ständiges Nachsprechen. Sie versuchen, selbst schwierige Wörter nachzuplappern, auch wenn sie deren Sinn noch gar nicht verstehen, was oft zur Belustigung der Familie beiträgt. Durch das ständige Hinhören auf die Sprache der Erwachsenen korrigiert das Kind dabei von selbst und völlig unbewußt die anfangs falsch gesprochenen Wörter und Sätze. Allmählich wird seine Sprache immer richtiger.

Es ist naheliegend, daß Eltern versuchen, diesem Prozeß nachzuhelfen, indem sie, wie in folgenden Beispielen, zum Nachsprechen auffordern:

Lisa kommt weinend auf ihre Mutter zugerannt und sagt unter Schluchzen: »Mama, ich bin hin – e – fallt«. Die Mutter verbessert sie: »Hin – ge – fallen heißt das«, mit deutlich korrigierender Betonung.

Michael spielt mit seinem Vater Bahnfahren. Er ist der Schaffner und sagt: »Die Fahrtaten bitte!« Darauf der Vater: »Michael, Fahrkarten heißt das. Komm, sag nochmal«.

Michael wiederholt gutwillig, aber ebenso falsch: »Fahrtaten«.

In beiden Beispielen – wie überhaupt – ist das Nachsprechenlassen sinnlos. Wenn ein Kind Schmerzen hat, wie im ersten Beispiel, kann es sich nicht auf richtiges Sprechen einstellen, sondern ist nur darauf aus, verstanden und getröstet zu werden.

Bei Michael ist das Nachsprechenlassen auch völlig unnötig. In diesem Beispiel weiß der Vater überhaupt nicht, ob Michael zwischen »k« und »t« schon unterscheiden kann. Wenn nicht, dann kann er natürlich auch nicht den richtigen Laut nachsprechen.

Gehen Sie immer davon aus, daß Ihr Kind gerne alles richtig sprechen möchte. Wenn es das nicht tut, dann braucht es noch etwas Zeit und kann es wirklich noch nicht.

Bieten Sie daher in solchen Situationen in einem ganzen Satz das fehlerhafte Wort noch einmal richtig an. Sagen Sie z. B.: »Hier sind meine Fahrkarten«, ohne jegliche Betonung, die Ihr Kind auf seine Fehler aufmerksam machen könnte. Ihr sprachliches Vorbild ist für Ihr Kind hilfreich genug.

- Jedes Kind spricht von selbst nach und lernt auch dadurch sprechen.
- Nachsprechenlassen ist sinnlos und führt möglicherweise nur zu einem Störungsbewußtsein.

Sollen wir so tun, als verstünden wir unser Kind nicht?

Oft wird Eltern geraten, sie sollten einfach so tun, als würden sie ihr Kind nicht verstehen. Dann würde sich das Kind bemühen, besser zu sprechen. Mit diesem Verhalten können Eltern ihr Kind in die tiefste Verzweiflung stürzen. Es kann ja im Moment wirklich nicht besser sprechen. Wenn es sich dann unverstanden fühlt, wird es eher kapitulieren als einen Ansporn erhalten.

Es ist deshalb für das Kind sehr wichtig, daß es verstanden wird. Nur so erlebt es, welche Vorteile das Sprechen mit sich bringt. Das Kind verstehen bedeutet aber nicht, es bereits nach drei Worten zu unterbrechen und zu sagen: »Ich weiß schon, was du meinst!« Das Kind soll in jedem Fall zu Ende reden dürfen, auch wenn es langsam oder umständlich geschieht.

Was aber können Sie tun, wenn Sie Ihr Kind aufgrund seiner Sprachstörung tatsächlich einmal nicht verstehen? Suchen Sie dann mit Ihrem Kind eine andere Möglichkeit, sich verständlich zu machen.

»Kannst du mir zeigen, was du meinst?« könnten Sie Ihr Kind fragen. Wenn Sie dann herausgefunden haben, was Ihr Kind sagen wollte, ist es wichtig, daß Sie es selbst noch einmal sprachlich ausdrücken: »Jetzt verstehe ich dich. Du kannst die Hose nicht runterziehen, weil du den Knopf nicht aufbekommst.«

So erfährt Ihr Kind, wie es sein Anliegen hätte ausdrükken können, ohne daß Sie kritisierend eingegriffen haben.

Manche Eltern haben sich angewöhnt »ja, ja« zu sagen, also so zu tun, als hätten sie verstanden. Es kann sein, daß sie aus Zeitmangel im Moment gerade nicht auf das Kind eingehen können. Um zu verhindern, daß das Kind diese Reaktion als Ablehnung seiner Person empfindet, ist es besser, ehrlich zu antworten: »Weißt du was, ich habe jetzt keine Zeit. Ich muß schnell meine Arbeit fertig machen. Danach höre ich dir zu, ja?« Dieses Versprechen muß dann aber auch unbedingt gehalten werden.

Wenn Eltern »ja, ja« antworten, nur um ihrem Kind das Gefühl zu geben, verstanden worden zu sein, so haben sie das zwar lieb gemeint, dem Kind aber den Mißerfolg nicht erspart, denn Kinder merken sehr genau, ob sie verstanden werden oder nicht. Spätestens wenn das Kind etwas sagt, das auf bereits gegebenen Informationen aufbaut, und der Erwachsene nicht folgen kann, »kommt es heraus«. Das Gefühl, nicht ernst genommen zu werden, ist schlimmer als die ehrliche Antwort: »Ich habe dich jetzt gerade gar nicht verstanden.« Das Kind kann jetzt mit dem Erwachsenen Nachsicht haben und seine Äußerung wiederholen. Sollten Sie trotz Nachfragen oder Zeigenlassen nicht herausbekommen, was Ihr Kind Ihnen sagen wollte, so müssen Sie und Ihr Kind akzeptieren, daß es nicht immer klappt, sich verständlich zu machen.

- Jedes Sprechen ist eine Übung, und nur durch Übung kann sich die Sprache weiterentwickeln. Weder das absichtliche »Nichtverstehen« noch das »Zu-schnell-Verstehen« fördern die sprachliche Ausdrucksfähigkeit Ihres Kindes.
- Wenn Sie *wirklich* nicht verstehen, schlagen Sie Ihrem Kind vor, Ihnen zu zeigen, was es sagen wollte.
- Zeigen Sie Ihrem Kind offen, ob Sie es verstanden haben oder nicht.

Wie wichtig ist es, wie ich selber spreche?

Da Kinder auch über Nachahmung lernen, spielt das sprachliche Vorbild der Eltern eine große Rolle. Wenn die Eltern sehr leise und undeutlich sprechen, können Kinder nur schwer lernen, sich klar und deutlich auszudrücken.

Wird in einer Familie wenig gesprochen, ist natürlich auch die sprachliche Anregung für das Kind geringer. Aber auch der umgekehrte Fall kann die Sprachentwicklung eines Kindes beeinflussen. Wenn die Eltern sehr redefreudig sind, stürmen zu viele Wörter auf das Kind ein, die es dann nicht mehr ordnen kann. Außerdem kommt es selber nicht zu Wort.

Eltern, die hastig und atemlos sprechen, »verschlukken« häufig Silben oder sprechen die Anfangslaute undeutlich. Es kommt vor, daß Kinder diese Art zu sprechen übernehmen.

Nun gibt es Eltern, die korrekt, langsam und deutlich sprechen, aber in ihrem eigenen, starken Dialekt. Viele Jahre wurde den Eltern geraten, unbedingt in der Zeit der Sprachentwicklung hochdeutsch mit den Kindern zu sprechen. Dabei wurde außer acht gelassen, daß über die Sprache nicht nur Inhalte, sondern auch Gefühle vermittelt werden. Deshalb muß es für eine dialektsprechende Mutter geradezu unmöglich sein, ihr Kind in ungewohntem, »gespreiztem« Hochdeutsch zu trösten.

Heute hat man bezüglich der Dialekte eine etwas andere Einstellung. Es wird Eltern empfohlen, den Kindern die Möglichkeit zu geben, den Dialekt zu lernen, sozusagen als Muttersprache. Das Kind wird darüber hinaus noch genügend Möglichkeiten haben, mit Hochdeutsch in Berührung zu kommen: beim Vorlesen von Büchern, beim Anschauen von Kinderfilmen, beim Einkaufen in den Geschäften.

So kann das Kind »beide Sprachen« als gleichwertig erleben.

- Ein gutes sprachliches Vorbild erleichtert das Sprechenlernen.
- Haben Sie keine Bedenken, mit Ihrem Kind Dialekt zu sprechen.
- Geben Sie Ihrem Kind gleichzeitig die Möglichkeit, durch Bücher, Umwelt und Medien mit Hochdeutsch in Berührung zu kommen.

»Wau-wau« oder »Hund«?

Manuela, 7 Monate alt, hört eine Feuerwehr, sieht ihre Mutter an und sagt: »Tüta.« Die Mutter wendet sich Manuela zu und sagt: »Richtig, das ist eine Feuerwehr. Die macht ›tatü-tata‹.« Da die beiden viele Stunden am Tag zusammen sind, unterhalten sie sich oft in dieser Form. Sehen sie einen Hund, zeigt Manuela auf ihn, und die Mutter sagt: »Ein Hund. Der macht wau-wau.« Manuela wiederholt daraufhin: »Wau-wau.« So kann sie ihren Spaß an lustvollen Lautwiederholungen auskosten und gleichzeitig das richtige Wort hören.

In der Sprachentwicklung Ihres Kindes ist Ihr Sprachangebot wichtig. Benutzen Sie deshalb immer die richtigen Wörter und nicht ein vermeintlich leichteres Ersatzwort, wie »Atta-atta« für »spazierengehen«.

Die Wörter der Kindersprache ändern sich allmählich, bis sie schließlich richtig ausgesprochen werden. Aus dem »Aka« wird z. B. »Ako«, später »Ato« und schließlich »Auto«. Dieser sprachliche Entwicklungsprozeß kann aber nur stattfinden, wenn das Kind das richtige Wort immer wieder angeboten bekommt.

- Es macht Ihrem Kind Spaß, Geräusche nachzuahmen, und fördert seine Sprachentwicklung.

- Verfallen Sie nicht in die vermeintlich leichtere Babysprache, sondern benutzen Sie immer die richtigen Wörter.

Unser Kind bleibt beim Sprechen hängen – ist das Stottern?

Michael ist vier Jahre alt und bleibt seit einiger Zeit beim Sprechen manchmal hängen:

»Mamamamamama, heute, heute, heuheuheute haben wir den größten, den größten, den größten, also den allergrößten Elefanten gesehen. Und auf dem Spielplatz da sind wir, sind wir, sind wir dann äh, äh, gerutscht.«

Wie bereits im Kapitel über die Sprachentwicklung beschrieben, gibt es eine Phase im Spracherwerb, in der Kinder unflüssig sprechen, weil ihre sprachliche Ausdrucksfähigkeit ihren vielen Ideen und Gedanken noch gar nicht gewachsen ist.

Sie wiederholen dann Laute, Silben, Wörter oder sogar ganze Satzteile, fühlen sich aber in ihrem Redefluß kaum gestört, sondern sprechen munter weiter.

Wir haben bereits darauf hingewiesen, daß diese Phase vorübergeht, wenn die sprachliche Gewandtheit zunimmt und die Bezugspersonen die Ruhe bewahren, dem Kind Zeit lassen und nicht weiter beunruhigt sind. Sollte die Besorgnis der Eltern zunehmen, ist eine Beratung durch eine Logopädin/einen Logopäden empfehlenswert, denn eine Verunsicherung der Eltern kann in dieser Phase den Übergang zu einem Stottern begünstigen.

Stefan ist fünf Jahre alt und schaut manchmal zur Seite, wenn er unflüssig spricht: »Mmmmm – Mmmmmama, we-we-we-wir haben ge-ge-gestern einen Ffffff... (Stefan preßt die Zähne auf die Unterlippe) Fffffffilm gesehen, da hat ein Mann oooooooooo...ooben in einem Schiff gesessen.«

Der Übergang von entwicklungsbedingten Redeunflüssigkeiten zu einer Redeflußstörung ist nicht genau lokalisierbar. Es gibt allerdings mehrere Symptome, die Hinweise für ein beginnendes Stottern sein können. Wenn Sie diese über längere Zeit beobachten, sollten Sie eine logopädische Untersuchung in Anspruch nehmen:

– Silbenwiederholungen, die nicht mehr locker mit demselben Vokal ablaufen, sondern so: »Ke-Ke-Kartoffeln« statt »Ka-Kartoffeln« oder »We-We-Wasser« statt »Wa-Wa-Wasser«. (Dabei klingt das »e« so wie in »Banane« oder »Hände«.)
– Lange Pausen, die innerhalb von Wörtern entstehen, in denen es nicht weiterzugehen scheint, mit bemerkbaren Verspannungen.
– Laute, die länger als eine Sekunde gedehnt werden und mit Verspannungen im Mund- oder Halsbereich einhergehen: »Aaaaaaaandere«, und der Mund wird weiter als nötig geöffnet, oder »Wwwwwwwarum«, und die Zähne drücken auf die Unterlippe.

Um eine schwerere Form des Stotterns handelt es sich, wenn über längere Zeit folgende Symptome auftreten:

– Silbenwiederholungen in zunehmendem Sprechtempo mit mehr als zwei Wiederholungen wie »Ke – Ke – Ke-KeKeKekartoffeln« oder »We – We – We-WeWeWe-Wasser«.
– Starke Kraftanstrengung wie Pressen oder Zittern in langen Pausen vor oder in Wörtern.
– Dehnungen mit lauter oder höher werdender Stimme, die länger dauern als eine Sekunde: »AaaaaaAAAAAndere« mit weit aufgerissenem Mund oder »Wwwww wwwwarum« mit Beißen auf die Unterlippe.
– Erstarren der Mimik und Gestik während des Stotterns.
– Wegschauen während des Stotterns.
– Mitbewegen von einzelnen Körperteilen, die nicht

direkt am Sprechvorgang beteiligt sind, wie Arme, Hände, Beine.

– Nachlassen der allgemeinen Sprechfreude bis zu Vermeidung von schwierigen Wörtern oder Sprechsituationen überhaupt.

– Häufiges Ersetzen schwieriger Wörter durch ein anderes mit ähnlicher Bedeutung, z. B.: »Pe-Pe-Pe-... also weißes Blatt«, oder Einfügen von Füllwörtern und Floskeln: »Pe-Pe-Pe ... äh also ich meine äh ... also ... Pe-Pe-Pe äh, also, also Pe-Pe-Papier«.

– Umstellen eines Satzes, um ein schwieriges Wort zu vermeiden: »Und dann wollte ich ein Be-Be..also zeichnen wollte ich auch.«

– Plötzliches Verstummen mitten im Satz.

– Pantomimisches Darstellen eines Wortes: eine Geste für Trinken anstatt des Wortes »trinken«.

Bei schwerem Stottern sind auch die Gefühle betroffen: Angst vor dem nächsten schwierigen Wort, Wut darüber, sich nicht fließend ausdrücken zu können, Scham über komisch aussehende Mitbewegungen und Angst vor ablehnenden oder verächtlichen Reaktionen der anderen können ausgelöst werden.

Kinder mit einem schweren Stottern haben meistens bereits ein sogenanntes Störungsbewußtsein. Sie wissen, daß sie sich durch ihr Stottern von anderen Kindern unterscheiden, und erleben diesen Unterschied als Makel.

- Obwohl die Übergänge von entwicklungsbedingten Redeunflüssigkeiten zum schweren Stottern fließend sind, hat jedes Stadium charakteristische Merkmale.
- Nehmen Sie die fachliche Beratung einer Logopädin / eines Logopäden in Anspruch, wenn Sie über das Stottern Ihres Kindes beunruhigt sind.

Wie sollen wir reagieren, wenn unser Kind stottert?

Sebastian ist sechs Jahre alt. Sein anfangs leichtes Stottern hat zugenommen. Sein Vater erzählt: »Seit neuestem macht er noch andere Sachen. Er macht jetzt immer die Augen zu, wenn das Wort nicht kommt. Und neulich habe ich es fast nicht mehr ausgehalten, da hat er keinen Ton mehr rausgekriegt, und Luft auch nicht. Dabei hat er so mit dem Kopf gewackelt, und ich wußte nicht mehr, wo ich hingucken sollte. Ich schaue dann manchmal weg, damit ihm das nicht so peinlich sein muß, und oft kommt das Wort dann. Ich fange richtig an zu schwitzen, wenn er wieder so hängenbleibt.«

Sebastians Vater spürt den Druck und die Verzweiflung, die sein Sohn während des Stottern erlebt. Er spürt allerdings auch seine eigenen Reaktionen, denn das Stottern wirkt nicht nur auf den Stotternden, sondern auch auf sein Gegenüber: Verkrampft sich der Bauch des stotternden Kindes, wird ein zugewandter Zuhörer seinen Bauch ebenfalls spüren; macht das Kind Mitbewegungen, so werden die Muskeln des anderen mitspielen. Deshalb ist es so überaus schwer, bei heftigen Stottersymptomen eines Kindes die Ruhe zu bewahren.

Sebastians Mutter fügt hinzu: »Er tut einem wirklich leid. Er plagt sich da ab, und man weiß doch oft schon, was er sagen will, und dann sag' ich das Wort manchmal, nur damit es weitergeht. Aber ich fühle mich komisch dabei, er kann doch eigentlich so gut sprechen.«

Mitleid ist eine menschliche Reaktion, die dem Kind allerdings nicht hilft. Es kann ja meistens fließend sprechen, das braucht es also nicht zu lernen. Es muß mit seinem Stottern zurechtkommen, und Sie können als Eltern einiges beachten, um ihm das zu erleichtern:

Schenken Sie Ihrem Kind nicht nur über das Stottern Beachtung, auch wenn Ihnen das Stottern Ihres Kindes Sorgen macht, sonst lernt Ihr Kind, daß es Sie mit Stottern immer erreicht, und wird quasi dazu aufgefordert, es beizubehalten. Es gibt so viele andere Bereiche, in denen Sie Ihrem Kind Aufmerksamkeit schenken können. Sie helfen Ihrem Kind, wenn sich für Sie nicht alles um das Stottern dreht.

Erhalten Sie die Sprechfreude Ihres Kindes. Wenn Sie Situationen kennen, in denen Ihr Kind meistens flüssig spricht, dann können Sie Ihrem Kind solche immer wieder anbieten: den Kontakt zu einem bestimmten Freund, Gespräche über bestimmte Themen.

Lassen Sie Ihr Kind so viel sprechen, wie es möchte, sei es mit Ihnen, mit Freunden oder mit sich selbst – eine gute Gelegenheit, fließendes Sprechen zu erleben, bedeutet immer, den Glauben an das eigene Sprechvermögen zu stärken.

Das heißt allerdings nicht, daß Ihr Kind sich nicht mehr an die Regeln des Miteinanderredens halten muß. Schonen Sie Ihr Kind nicht, wenn es Ihnen ins Wort fällt, während Sie gerade offensichtlich mit jemandem im Gespräch sind. Verhalten Sie sich möglichst eindeutig in Ihrer Aufmerksamkeit, so daß Ihr Kind gut unterscheiden kann, wann Sie ihm und wann Sie anderen zuhören, indem Sie auch Ihren Blickkontakt auf Ihren jeweiligen Gesprächspartner richten.

Versuchen Sie, innerlich und äußerlich so ruhig wie möglich zu bleiben. Sowohl Ihre sprachliche Reaktion als auch Ihre Körpersprache kann entweder Ruhe und Zuversicht oder Ungeduld ausdrücken. Ihr Kind hat es während des Stotterns sehr schwer, mit sich selber Geduld zu haben. Sie können als Erwachsener Ihren Willen bewußter dafür einsetzen als Ihr Kind und ihm so ein Vorbild sein.

Verzichten Sie auf jegliche Kritik am Sprechen, denn sie verstärkt das Gefühl Ihres Kindes, daß mit seiner Sprache etwas nicht stimmt. Auch gut gemeinte »Tips« wie die folgenden machen Ihrem Kind das Sprechen unnötig bewußt und können das Stottern verstärken: »Sprich langsam.« –

»Laß dir Zeit zum Sprechen.« – »Hol' erstmal Luft, bevor du sprichst.« – »Überleg' vorher ganz genau, was du sagen willst.« – »Probier's nochmal ohne Stottern« – »Bleib ganz ruhig.«

Sprechen Sie nicht die Sätze für Ihr Kind zu Ende, denn Sie nehmen ihm die Chance, die Erfolgserlebnisse zu haben, die es als Ermutigung für weiteres Sprechen braucht.

Überprüfen Sie Ihre eigenen Sprechgewohnheiten. Sprechen Sie selber viel und schnell oder eher wenig? Wie kommt man in Ihrer Familie zu Wort? Gibt es Familienmitglieder, die mehr als andere sprechen?

- Sie können Ihrem Kind helfen, seine Redeflußstörung abzubauen, wenn Sie ihr so wenig wie möglich Beachtung schenken und Ihre Aufmerksamkeit auf die Stärken Ihres Kindes richten.

Warum spricht unser Kind auf einmal wieder wie ein Baby?

Frau und Herr T. können gar nicht verstehen, was mit ihrem dreijährigen Sohn Martin los ist. Seit einiger Zeit hat Martin sprachliche Rückschritte gemacht. Er benutzt Wörter aus der Babysprache, die er vor eineinhalb Jahren zuletzt gebrauchte: »Lubu« für »Trinken« oder »Adda-adda« für »Spazierengehen«. Er spricht mit hoher, piepsiger Stimme und quengelt, wenn er nicht sofort beachtet wird.

Frau und Herr T. haben bereits überlegt, ob das etwas mit der Geburt der kleinen Schwester Annika zu tun haben könnte. Aber Martin hatte sich so auf Annika gefreut. Sie hatten ihn lange darauf vorbereitet, daß sich bald etwas Wesentliches ändern würde, und Martin war so stolz auf seine kleine Schwester, daß er sie mit in den Kindergarten nehmen wollte.

Doch nach einigen Wochen veränderte sich Martins

Haltung: Jedesmal, wenn die Mutter mit Annika beschäftigt war, störte er. Er ließ Dinge zu Boden fallen, die aufgekehrt werden mußten, wenn Annika gefüttert werden sollte. Er warf sich beim Spazierengehen auf die Erde, weil er unbedingt im Kinderwagen gefahren werden wollte, und jetzt spricht er immer öfter in der Babysprache. Trotzdem gibt es Momente, in denen Martin voller Zuneigung mit Annika spielt und sich freut, wenn sie ihn anlacht.

Manche Kinder haben trotz guter Vorbereitung durch die Eltern das Gefühl, daß ihnen das neue Geschwisterkind etwas von der Aufmerksamkeit der Eltern nimmt. Sie sind vielleicht zu Beginn ganz begeistert von der Veränderung und dem Baby. Wenn sie aber merken, daß das Baby für immer dableiben wird, tritt neben die Freude ein Gefühl der Eifersucht, denn ein Baby verlangt viel ausschließliche Aufmerksamkeit.

Es gibt eine Reihe von Dingen, die Eltern beachten können, um ihrem Kind die Gewöhnung an die neue Situation zu erleichtern:

Lassen Sie Ihr Kind spüren, daß Sie Verständnis dafür haben, wenn es sich nur langsam an die neue Situation gewöhnt. Zweifeln Sie nicht an seiner Weiterentwicklung, trotz seiner scheinbaren Rückschritte.

Beziehen Sie Ihr Kind in die Pflege des Babys mit ein: Lassen Sie es beim Wickeln helfen, die Kleidung mit aussuchen, das Baby anfassen oder sogar einmal halten. Ihr Kind merkt dann, daß es wichtig ist und daß es von dem Baby gebraucht wird.

Nehmen Sie sich regelmäßig Zeit, die Sie mit Ihrem großen Kind allein verbringen, dann kann es in Situationen, in denen das Baby Ihre ungeteilte Aufmerksamkeit braucht, leichter abwarten.

Es gibt Kinder, die trotzdem nicht akzeptieren können, daß ein weiteres Kind in der Familie lebt. Sie sollten professionelle Hilfe in Anspruch nehmen, wenn Ihr Kind sich über Monate anders verhält als sonst und wenn es einnäßt, einkotet, kaum noch mit Ihnen spricht, stark stottert, mit den Zähnen knirscht, an seinen Fingernägeln kaut oder wenn Sie aus anderen Gründen über sein Verhalten beunruhigt sind. In diesem Fall sollten Psychologen Ihre Ansprechpartner sein. Erziehungsberatungsstellen sind darauf spezialisiert, Eltern in solchen Situationen zu beraten.

- Auch wenn Sie Ihr Kind auf das Geschwisterkind vorbereitet haben, braucht es Zeit, sich an die veränderte Situation zu gewöhnen.
- Zeigen Sie Verständnis für die scheinbaren Rückschritte Ihres Kindes, und zweifeln Sie nicht an seiner Weiterentwicklung.
- Beziehen Sie Ihr Kind in die Pflege des Babys mit ein, und nehmen Sie sich Zeit, die Sie nur mit dem größeren Kind verbringen.
- Sollte die Eifersucht Ihres Kindes mit der Zeit nicht weniger werden, wenden Sie sich an Fachleute, Psychologinnen oder Psychologen in Erziehungsberatungsstellen.

Hat Nuckeln einen Einfluß auf die Sprachentwicklung?

Warum Kinder so gerne nuckeln, können wir ein bißchen nachempfinden, wenn wir uns vorstellen, wir würden einen sauren Bonbon lutschen. Merken Sie, wie allein durch die Vorstellung Ihr Speichelfluß in Gang kommt, Ihre Lippen, Ihre Zunge, Ihre Wangen eine ganz besondere Spannung bekommen, wie Sie Ihren Speichel regelmäßig herunterschlucken, wie sich selbstverständlich Ihre Lippen schließen und Ihre Zunge sehr kleine Bewegungen im Mund vollführt und wie Ihre Atmung tief und ausreichend durch die Nase geschieht?

Beim Lutschen oder Nuckeln werden unterschiedlichste Körperteile und Muskeln trainiert, die für das spätere Sprechen wichtig sind.

Babys nuckeln bereits im Mutterleib. Dieser Saugreflex ist auch nach der Geburt lebensnotwendig, damit das Baby Nahrung zu sich nehmen kann. Außerdem spürt das Baby während des Saugens seine Mutter und fühlt sich durch deren Wärme geborgen. Saugen und Körperkontakt zur Mutter müssen deshalb untrennbar verbunden bleiben, damit ein Grundbedürfnis des Babys befriedigt wird. Auch eine Mutter, die nicht stillt, kann darauf eingehen, indem sie beim Füttern mit der Flasche für diesen Körperkontakt sorgt.

Wenn der Saugreflex langsam verschwindet, die Kinder älter werden, nuckeln manche trotzdem weiter an ihrem Bettzipfel, ihrem Tuch oder ihrem Nuckel. Das brauchen sie zum Einschlafen, als Trost oder weil ihnen langweilig ist. Ganz offenbar beruhigt das Saugen und gibt dem Kind eine wohlige Körperspannung.

Meistens verschwindet das Nuckeln tagsüber von allein, und die Kinder benutzen den Daumen nur noch zum Einschlafen.

Bleibt das Nuckeln oder auch das Daumenlutschen bis ins 4. oder 5. Lebensjahr erhalten, kann es ein Zeichen dafür sein, daß das Kind unter einer inneren Anspannung steht und etwas mehr Zuwendung braucht, als Sie vielleicht dachten.

Mit einem Nuckel im Mund können Kinder nur undeutlich sprechen. Außerdem verhindert er, daß der Mund richtig geschlossen wird. Daraus ergibt sich ein Teufelskreis: Die Mundmuskulatur wird schwächer, weil sie nicht benutzt wird. Daher steht der Mund dann auch ohne Nuckel offen. Die eingeatmete Luft wird nicht mehr durch die Nase gefiltert. Die Kinder werden anfälliger für Infekte; die verstopfte Nase durch den nächsten Schnupfen bildet ein erneutes Hindernis, den Mund zu schließen.

Die Muskeln im Mundbereich werden immer schwächer, dabei sind sie unter anderem dafür da, den Zähnen Halt zu geben, wenn die Zunge von innen gegen sie drückt. Die Zunge ist in ihrer Haltung nach vorne verlagert, und das Kind gewöhnt sich ein falsches Schluckmuster an, bei dem die Zunge durch die Zahnreihen stößt. Auch beim Sprechen drückt die Zunge ohne das Gegengewicht der Lippen immer stärker gegen die Zähne, und diese geben mit der Zeit nach. Das kann so weit gehen, daß eine Lücke zwischen oberer und unterer Zahnreihe entsteht, auch wenn das Kind die Zähne aufeinanderstellt. Man spricht dann von einem offenen Biß. Auch aus diesen Gründen ist sorgfältig abzuwägen, in welchen Situationen die Kinder den Nuckel wirklich brauchen.

Kieferorthopäden sind besorgt über die steigende Zahl der Kieferverformung bei Kindern, und viele führen das auf regelmäßiges, intensives Saugen zurück. Die Meinungen der Fachleute dazu gehen aber weit auseinander.

- Saugen ist ein natürlicher Reflex. Er ist lebenswichtig und trainiert schon sehr früh die Sprechmuskulatur.
- Kieferorthopäden geben zu bedenken, daß zu langes Daumenlutschen den Kiefer verformen kann.
- Damit Ihr Kind verstanden wird, sollte es nicht mit dem Nuckel im Mund sprechen.

Über Sprachstörungen reden – oder lieber nicht?

Frau S. ist mit dem vierjährigen Timmy unterwegs. Sie treffen ihre Nachbarin Frau K. Timmy freut sich und sagt etwas. Frau K. versteht ihn nicht. Statt einer Rückfrage an Timmy wendet sie sich wieder an Frau S. und sagt flüsternd: »Oh, Timmy spricht aber schlecht, ich kann ihn gar nicht verstehen!« Timmys Mutter geht nicht auf die

Geheimnistuerei ein, sondern wendet sich an Timmy und sagt: »Timmy, Frau K. hat dich nicht verstanden, kannst du ihr nochmal sagen, was du meinst?«

Frau S. hatte es nicht nötig, aus Timmys Sprachschwierigkeiten ein Geheimnis zu machen, mit Frau K. zu tuscheln und in seinem Beisein *über* Timmy zu reden. In der Familie S. war längst mit Timmy darüber gesprochen worden, daß er manchmal schwer zu verstehen sei und daß er mehr Zeit zum Sprechenlernen brauche als andere Kinder.

Leider wird oft gedankenlos mit der Nachbarin, der Freundin, dem Kinderarzt im Beisein des Kindes über seine Sprachstörung gesprochen, ohne das Kind einzubeziehen. Das kann das Kind kränken und sein Vertrauen zu den Eltern beeinträchtigen.

Manche Eltern meinen, daß ihr Kind nichts von seiner Sprachstörung und nichts von ihrer Sorge gemerkt hat, weil sie nie darüber gesprochen haben. Sie unterschätzen das Gespür ihrer Kinder, die natürlich bemerken, wenn ihre Eltern plötzlich flüstern und insgeheim Blicke austauschen. Auch, wenn das Kind nicht zum Ausdruck bringen kann, was es spürt, bekommt es doch aufgrund seiner engen Bindung an die Eltern deren Besorgnis mit.

Vielleicht haben Sie noch nicht den Mut gefunden, mit Ihrem Kind über seine Sprachschwierigkeiten zu reden, weil Sie dachten, daß sich das Sprechen Ihres Kindes dann verschlechtere. Was sich mit Sicherheit verschlechtert, wenn Sie nicht darüber reden, ist Ihre vertrauensvolle Beziehung zu Ihrem Kind.

Hier ein Vorschlag, wie Sie mit einem sehr kleinen Kind über seine Entwicklung und seine Sprachschwierigkeiten reden könnten.

Dreijährige Kinder sehen sich besonders gerne Fotoalben an, in denen sie noch ein kleines Baby waren. Dies könnte Anlaß zu folgendem Gespräch sein:

»Da, Baby.«

»Ja, guck mal, wie klein du warst, so winzig.«

»Hmmm, Fasse tinken (Flasche trinken).«

»Genau, da bekommst du dein Fläschchen, du konntest es noch nicht alleine halten.«

Das Kind blättert um, und es folgen die Fotos, auf denen das Kind schon sitzen, dann laufen kann.

»Da, plumps, hin-e-fallt (hingefallen).«

»Hier kannst du schon sitzen und hier, richtig, bist du hingefallen, weil du noch nicht so sicher laufen konntest.«

»Da, Flori, hopp, hopp.«

»Stimmt, da kannst du schon ganz schnell laufen. Sprechen konntest du da noch nicht. Jetzt kannst du schon etwas sprechen, aber du mußt noch ganz viel lernen. So wie beim Laufen.«

Wenn das Kind dann ein bißchen älter geworden ist und Ihnen erzählt, daß es von jemandem auf seine Sprachschwierigkeiten angesprochen wurde, können Sie folgendes sagen:

»Das stimmt, du sprichst noch nicht so gut wie andere Kinder. Das wirst du noch lernen. Kinder können nicht schon immer alles. Deine Freundin Carola geht zum Turnen, weil sie einen schwachen Rücken hat und noch nicht so gut klettern kann wie du.«

- Machen Sie kein Geheimnis aus den Sprachschwierigkeiten Ihres Kindes, sondern reden Sie darüber so selbstverständlich wie über andere Dinge, die Ihr Kind noch lernen wird.

Wie reagieren wir, wenn Sven ausgelacht wird?

Tanja, 4 Jahre, spricht nahezu unverständlich. Wenn sie aber einmal im Kindergarten fehlt, weil sie krank ist, wird sie von ihren Freundinnen sehr vermißt.

Sven, auch 4 Jahre alt, hat nur noch leichte Sprachschwierigkeiten. Er ist bei den Kindern nicht so beliebt und wird oft ausgelacht.

Beide Kinder haben zwar Sprachschwierigkeiten, sind aber ganz verschiedene Persönlichkeiten.

Tanja ist voller Phantasie und Ideen. Sie läßt sich nichts gefallen, sie legt sich auch schon mal mit größeren Kindern an, wenn sie sich über sie ärgert. Sie wird von den anderen akzeptiert, und es spielt keine Rolle, ob sie sprachgestört ist oder nicht. Vielleicht wird sie irgendwann einmal von anderen Kindern darauf angesprochen oder sogar ausgelacht. Aber da sie keine Hemmungen wegen ihrer Sprachstörung hat, wird es sie kaum kränken.

Im Gegensatz dazu ist Sven ein schüchterner kleiner Junge, der viel allein spielt und oft von den anderen Kindern gehänselt wird. Er ist eher ängstlich und spielt am liebsten nur mit seinen Autos. Nimmt ein anderes Kind ihm ein Auto weg, weint er vielleicht, aber er holt es sich nicht zurück. Er hat ein schwaches Selbstbewußtsein und ist damit ein geeignetes Opfer für die Spottlust der anderen.

Kinder wie Sven rufen bei Eltern und Erziehern leicht den Beschützerinstinkt hervor. So werden die Spötter vermahnt mit: »Hört doch auf, laßt Sven in Ruhe!« oder: »Guckt mal, ihr seid doch viel stärker!« Sicherlich verschafft das Sven im Moment Ruhe, aber auf Dauer bringt ihm diese ständige Forderung nach Rücksicht kein größeres Selbstbewußtsein. Im Gegenteil, hier wird an das Mitleid der »Gesunden« appelliert, und das macht den »Kranken« noch kränker.

Eltern und Erzieher müssen lernen, Sven in seinem ganzen Wesen zu entdecken. Kein Kind, auch Sven nicht, ist mit Sicherheit nur schüchtern, ängstlich und langweilig. Uns erscheint er vielleicht langweilig, in Wirklichkeit aber hat er viel mehr Ausdauer als andere Kinder. Alle seine Fähigkeiten müssen immer wieder bestärkt und hervorgehoben werden, so daß Sven seine Talente entdecken und wahrnehmen kann.

- Eine Sprachstörung allein ist selten der Grund für Hänseleien.
- Mit der Schonung Ihres sprachauffälligen Kindes erreichen Sie nichts. Viel wichtiger ist es, seine Stärken zu entdecken und hervorzuheben, um so das geringere Selbstbewußtsein aufzubauen.

Wie bereiten wir unser Kind auf eine logopädische Untersuchung vor?

Bevor Sie mit Ihrem Kind über die bevorstehende logopädische Untersuchung reden, ist es wichtig, daß Sie selbst wissen, was sich dahinter verbirgt. Es klingt zunächst einmal sehr medizinisch, und man stellt sich leicht eine körperliche Untersuchung darunter vor.

Selbst wenn Sie nur mit einer bestimmten Frage zur logopädischen Untersuchung kommen, wird die Logopädin sich zunächst einen umfassenderen Eindruck von Ihrem Kind machen wollen. Sie wird ein Interesse daran haben, daß Ihr Kind sich wohlfühlt und bereits in der ersten Stunde neben den sprachlichen Leistungen möglichst viel von seiner gesamten Persönlichkeit zeigt. Dazu gehört seine Mimik und Körpersprache, seine Geschicklichkeit, seine Spielideen, seine Beweglichkeit. Dabei möchte die Logopädin Ihr Kind so erleben, wie es ist: vielleicht schüchtern oder kontaktfreudig, vielleicht zurückhaltend oder draufgängerisch.

Sie wird eventuell einen Sprachtest mit Ihrem Kind machen oder mit ihm spielen, ein Buch anschauen und auch von Ihnen viel über Ihr Kind und Ihre Familie wissen wollen.

Nehmen Sie sich Zeit und stellen auch Sie Fragen. Bringen Sie auch das zur Sprache, was Ihnen besondere Sorgen macht. Denn sprachliche Probleme Ihres Kindes können auch mit Ihren eigenen Sorgen oder dem Druck, unter dem Sie stehen, zusammenhängen. Wie oft haben uns Eltern schon gesagt: »Wissen Sie, seit wir uns bei Ihnen angemeldet haben, ist es ja mit der Sprache unseres Kindes entschieden besser geworden.« Da liegt keine Spontanheilung vor, sondern in dem Augenblick, in dem die Eltern bereit waren, sich jemandem mitzuteilen, sich dadurch zu entlasten, konnte das Kind sich freier entwickeln.

Ein Gespräch mit Ihrem Kind zur bevorstehenden logopädischen Untersuchung könnte dann so aussehen:

»Stefanie, morgen gehen wir übrigens zur Logopädin/zum Logopäden. Sie/Er heißt ...«

Stefanie antwortet dann vielleicht: «Will nicht.«

»Das kann ich verstehen, Du kennst sie ja auch noch gar nicht. Deshalb erzähle ich dir heute schon, was wir morgen machen.«

»Was denn«, sagt Stefanie daraufhin.

»Frau/Herr ... wird mit dir spielen oder sich Bücher mit dir angucken. Dabei werdet Ihr miteinander reden, und sie wird gut zuhören, was du schon alles sprechen kannst. Sie hat nämlich gelernt herauszufinden, was Kinder schon alles können und was sie noch lernen werden. Am Schluß kann sie uns vielleicht auch sagen, was wir noch machen können, damit wir dich immer besser verstehen.«

- Sagen Sie Ihrem Kind, daß Sie zur Logopädin/zum Logopäden gehen und warum.
- Ihre Einstellung zur logopädischen Untersuchung ist für Ihr Kind wesentlich.

Fördern wir unser Kind zu wenig?

Frau S. kommt mit Julia, 5½ Jahre, in die logopädische Praxis. Sie erzählt besorgt: »Meine Tochter Julia macht mir eigentlich viel Freude, aber ihre Sprache... Es ist für mich eine große Enttäuschung, daß Julia eine schlechte Aussprache hat und auch so wahnsinnig schnell redet, daß sie fast ins Stottern kommt. Dabei haben wir immer alles getan, was wir konnten. Und es ist uns auch wichtig, daß Julia möglichst viele Anregungen bekommt.«

Während sie das erzählt, holt Frau S. Julias Wochenplan hervor und zeigt ihn der Logopädin. Darin steht:

Montag: Musikalische Früherziehung
Dienstag: Turnverein
Mittwoch: Klavierunterricht
Donnerstag: Ballett
Freitag: Malen im Museum
Samstag: Schwimmen lernen mit der Familie

»Meine Freundin«, so fährt Frau S. fort, »hat mich jetzt darauf aufmerksam gemacht, daß ich mich entscheiden muß, welche Fremdsprache Julia als erste lernen soll. Davon hängt die Entscheidung ab, ob wir unsere Tochter auf eine völlig normale Schule schicken oder doch besser in die amerikanische Schule, wo sie dann gleich zweisprachig erzogen wird. Aber das bei Julias Sprache? Deshalb bin ich jetzt hier, um Ihren Rat einzuholen.«

Es mag Kinder geben, die bei einem Stundenplan, wie Julia ihn hat, noch immer genügend Zeit für das eigene Spiel finden und auch noch Gelegenheiten, sich mit Freunden zu treffen. Die Regel ist das jedoch nicht. Diese Kinder können keine *eigenen* Entdeckungen und Erfahrungen mehr machen, weil ihnen ständig Anregung geboten wird. Sie lernen nicht aus ihren »Fehlern« und aus eigenem Antrieb, sondern weil es der Wochenplan so vorgesehen hat.

Häufig hält das Interesse von Kindern an bestimmten

Dingen noch nicht so lange an. Sie sind ja erst dabei, sich zu entdecken. So haben sie einen Tag Spaß am Klimpern auf dem Klavier, am nächsten Tag schon wieder nicht mehr. Wenn der Unterricht dann erst einmal begonnen hat, sind sie zum Durchhalten aufgefordert. Sie haben keine Lust zum Üben, und es gibt Ärger.

Überforderte Kinder sind unglückliche Kinder. So ist es nicht selten, daß sie beginnen zu stottern. Der Hals ist ihnen wie zugeschnürt, und sie schaffen es nicht, ihn lockerzulassen, obwohl und gerade weil sie sich so anstrengen. Sie nehmen alle Kräfte zusammen und zeigen unbewußt ihre Überforderung; sie machen hörbar auf sich aufmerksam. Alles ist ihnen zuviel geworden, zu anstrengend.

- Alle Kinder wollen von sich aus ganz viel können und richtig machen.
- Planen Sie nicht zu viel Programm, damit Ihr Kind genügend Freiraum hat, sich selbst zu entwickeln.
- Überforderte Kinder sind unglückliche Kinder.

Was tun, wenn andere an unserem Kind »herumerziehen«?

Ganz häufig geht es in diesem Buch darum, daß Kinder unter Druck stehen, daß wir sie mit unseren Erwartungen überfordern und daß sie sich unter diesen Bedingungen nicht ungestört entwickeln können.

Doch auch Sie als Eltern stehen manchmal unter Druck: durch andere Menschen, die ihr Kind miterziehen. Zum einen sind das Pädagoginnen und Pädagogen, mit denen Ihr Kind in Berührung kommt, wenn es verschiedene Einrichtungen wie Kindergarten, Turnverein, Musikschule besucht. Zum anderen gibt es Großeltern, andere Verwandte oder auch die Eltern anderer Kinder, die ihre eigenen Vorstellungen von Erziehung haben, die nicht unbedingt mit Ihren übereinstimmen müssen. Je enger Ihre Beziehung zu den »Miterziehern« ist, desto schwieriger wird es für Sie sein, eine klare Position zu vertreten. Besonders bei Familienangehörigen kommen die eigenen Gefühle zum Tragen. Durch Ihre Kinder werden Sie mit dem Erziehungsverhalten Ihrer eigenen Eltern – nunmehr in der Rolle der Großeltern – konfrontiert. Spannungen lassen sich da kaum vermeiden.

Sie können Ihren Eltern und Geschwistern durchaus Ihre Einstellung nahebringen und sie bitten, sich danach zu richten. Durch Ihr sprachauffälliges Kind haben Sie vielleicht im Gespräch mit Fachleuten neue Einsichten gewonnen. Diese können Sie als Information an Ihre Verwandten weitergeben. Scheuen Sie sich auch nicht, wichtige Bezugspersonen in Ihre Beratungsstunde bei Erziehungsberaterinnen und Erziehungsberatern, Erzieherinnen und Erziehern oder Logopädinnen und Logopäden mitzunehmen.

Sie werden Ihr Kind nicht davor schützen können, daß andere es so behandeln, wie Sie es nicht für richtig halten und wie es vielleicht auch Ihrem Kind nicht gefällt.

Sollten Ihre Vorschläge nicht angenommen werden, müssen Sie Ihrem Kind Mut machen, sich zu wehren. Wenn es nicht von der Tante auf den Mund geküßt werden will und diese das trotz Ihrer Einwände immer wieder tut, können Sie durchaus zu Ihrem Kind sagen: »Die Tante … darf dich nicht auf den Mund küssen, wenn du das nicht willst. Ich habe ihr das auch schon oft gesagt, aber sie hat das wohl nicht verstanden. Du kannst es ihr selbst noch einmal sagen und dich dann wegdrehen, wenn sie es trotzdem wieder tut.«

Wenn Sie sich von Ihren eigenen Eltern oder anderen Verwandten so sehr unter Druck gesetzt fühlen, daß dadurch Ihr Verhältnis zu Ihrem Kind beeinträchtigt wird, nehmen Sie Beratung in Anspruch. Entlasten Sie sich, damit das Verhältnis zu Ihrem Kind wieder entspannter wird.

Sollten Sie mit der Erziehungsmethode einer Erzieherin Ihres Kindes nicht einverstanden sein, ist es ganz wichtig, daß Sie um ein Gespräch bitten. Die Abholsituation »zwischen Tür und Angel« ist dafür sicher nicht geeignet. Bitten Sie besser um einen Termin, um Ihre Probleme in Ruhe zu besprechen.

- Unterscheiden Sie, was *Sie* und was Ihre *Kinder* mit anderen erleben.
- Machen Sie Ihren Standpunkt klar, vor sich, den anderen und Ihrem Kind.
- Lassen Sie Ihr Kind eigene Beziehungen aufbauen und pflegen.

Wann müssen wir »nein« sagen?

Seit Katrin auf der Welt ist, sind ihre Eltern oft unausgeschlafen, weil sie ständig ihren Schlaf unterbrechen müssen, um Katrin zu füttern und trockenzulegen. Sie sehnen den Tag herbei, an dem sie durchschläft. Dann ist es endlich soweit. Doch nach einigen Nächten wacht Katrin wieder auf und schreit, obwohl sie weder Hunger noch Durst haben kann. Sie will einfach nur Kontakt. Sehr schnell merken die Eltern auch tagsüber, daß Katrin lieber auf dem Arm getragen werden will. So geht es später weiter: Sie patscht mit Vergnügen ins Essen, drückt mit Vorliebe an allen Knöpfen der Fernsehfernbedienung – alles Dinge, bei denen Katrins Eltern sich entscheiden müssen, ob sie sie gewähren lassen oder nicht.

Kein Zweifel, ein Kind braucht in den ersten Lebensmonaten viel Liebe und Zuwendung, um sich zu entwickeln. Manche Eltern neigen jedoch dazu, sich so sehr auf das Kind einzustellen, daß sie dabei ihre eigenen Grundbedürfnisse weit zurückstellen oder gar nicht mehr beachten. Auf die Dauer tut das weder ihnen noch dem Kind gut, denn keiner hat die Kraft, das lange durchzuhalten.

Es ist ein ungeheuer schwerer Balanceakt, immer wieder zwischen dem erforderlichen Verständnis einerseits und der notwendigen Einschränkung andererseits zu entscheiden.

Für die Eltern stellt sich somit die Frage, wo Grenzen zu ziehen sind.

Es sind aber nicht nur die Eltern, die Grenzen setzen. Auch Kinder, selbst wenn sie noch sehr klein sind, zeigen deutlich, wo ihre Grenzen sind: Sie erschrecken, wenn man ihnen zu nahe kommt, oder winden sich in den Armen eines Menschen, dem sie nicht vertrauen. Erleben Kinder oft, daß diese von ihnen gewünschten Grenzen überschritten werden, wird es für sie später schwer, die Grenzen anderer zu achten oder überhaupt wahrzunehmen.

Aber auch wenn Kinder zu wenig Gelegenheit haben, ab und zu ganz für sich zu sein, fällt es ihnen schwer, die Grenzen zu anderen zu spüren. Sie können dann kaum ein Eigenleben entwickeln, das sich von dem der anderen unterscheidet. Auch kleine Kinder brauchen daher Phasen, in denen sie wach sind und niemand sie anfaßt, schaukelt oder unterhält.

Werden Kinder größer, stoßen sie immer mehr an die Grenzen der anderen. Jetzt liegt es in der Verantwortung der Erwachsenen, keine engen, aber klare Grenzen zu setzen, an denen sich ein Kind orientieren kann.

Ein schwieriger Punkt dabei ist unsere eigene Konsequenz. An einem Tag sind wir in guter Stimmung, und es stört uns nicht, daß Klaus mit den Schuhen auf der neuen Couch herumhopst, am nächsten Tag sind wir einem Tobsuchtsanfall nahe, wenn wir dasselbe erleben. Das Kind aber kann weder Stimmungsschwankungen einschätzen noch unterschiedliche Reaktionen verstehen. Eltern schonen ihre Nerven und machen es auch für ihre Kinder einfacher, wenn sie sich konsequent verhalten.

Eltern sprachauffälliger Kinder haben oft Hemmungen, sich gegen ihr Kind durchzusetzen, besonders wenn das Kind stottert. Aus Angst, daß sich die Sprachstörung verstärken könnte, geben sie ständig nach. Mit anderen Worten, sie verwöhnen es oft maßlos. Damit ist jedoch dem Kind nicht geholfen. Oft spielt es seine Sonderstellung aus und hält unbewußt an seiner Sprachstörung fest, weil diese ihm so viele Sonderrechte sichert.

Keine Grenzen zu kennen bedeutet nicht Freiheit, sondern Orientierungslosigkeit, in der ein Kind sich nicht zurechtfinden kann.

In dem Buch »Kinder fordern uns heraus« (1996) beschreiben die Kinderpsychologen Dreikurs und Soltz, wie eine Erziehung unter dem Aspekt der sozialen Gleichwertigkeit geschehen kann. In den zahlreichen praktischen Beispielen dieses Buches werden Sie Ihre täglich auftretenden Erziehungsprobleme wiederfinden. Anhand praktikabler Vorschläge erfahren Sie, wie Sie diese Probleme lösen könnten und wie Ihr Kind sich an das Einhalten von Regeln gewöhnen kann.

Das Respektieren von Regeln ist auch für das Erlernen einer Sprache unerläßlich. Sprachliche Kommunikation funktioniert nur, wenn die zugehörigen Regeln genau eingehalten werden. Kinder lernen Sprechen, indem sie unbewußt eine Regel erkennen, sie anwenden, eventuelle Ausnahmen bemerken, daraufhin die Regel variieren und sie wieder anwenden. Nur so können Kinder sich das festgelegte Regelsystem unserer Grammatik und Aussprache erarbeiten.

- Kinder brauchen Freiräume, um sich entwickeln zu können.
- Kinder haben eigene Grenzen, die respektiert werden müssen.
- Kinder benötigen zum Wachsen und Größerwerden Regeln und verläßlich auftretende Konsequenz, um sich zu orientieren.
- Sprache ist ein Regelsystem. Kinder müssen Regeln beachten, um es zu beherrschen.

Wie können wir unserem Kind das Lügen abgewöhnen?

Lügen bedeutet, jemanden zu täuschen, indem man mit Absicht die Unwahrheit sagt. Das setzt voraus, daß man wahr und unwahr unterscheiden kann und dann bewußt das Vertrauen des anderen verletzt.

Zu dieser »Tat« sind Kinder erst ab einem bestimmten Alter fähig.

Selbst Vier- bis Fünfjährige unterscheiden zwischen Wirklichkeit und Phantasie noch nicht so wie wir. Wenn sie »Superman« spielen, dann sind sie im Moment des Spielens »Superman« und fühlen wie er.

Kinder lernen spielend, und wenn sie entdecken, daß man mit Sprache auch Phantasien ausdrücken kann, die eben nicht realistisch sind, macht ihnen das so viel Spaß, daß sie das immer weiter ausbauen.

Manche Eltern stellen eines Tages ziemlich ratlos fest, daß ihr Kind unglaubliche Geschichten erzählt. Wirklichkeit und Phantasie geraten dabei wild durcheinander. Aus Angst, daß ihr Kind dadurch zum Lügen kommen könnte, unterbinden viele Eltern solche Phantasieerzählungen. Sprachlich gesehen geschieht bei diesem Phantasieren so viel, daß es sich lohnt, darauf einzugehen. Hören Sie sich also getrost die »Lügengeschichten« an, und freuen Sie sich, daß Ihr Kind dabei außer seiner Phantasie auch noch seinen sprachlichen Ausdruck schult.

Wenn Sie am Schluß der Geschichte anerkennend feststellen: »Da hast du mir aber eine tolle Geschichte erzählt!«, wird Ihr Kind merken, daß Sie das Ganze nicht als pure Wahrheit genommen haben, sondern eben als Geschichte.

Und wenn Ihr Kind noch nicht von selber auf die Idee gekommen ist, »Lügengeschichten« zu erzählen, dann können Sie es sogar dazu anregen. Der Gewinn, den Ihr Kind dabei hat, ist sehr groß. Sie könnten so beginnen:

»Heute morgen habe ich zum Frühstück ein Faß Milch getrunken und 1000 Brötchen gegessen. Und was hast du gefrühstückt?«

So lernt Ihr Kind, sicherer zwischen Phantasie und Wirklichkeit zu unterscheiden.

Es sind nicht immer ganze Lügengeschichten, in denen das Kind seine Phantasie spielen läßt. Oft ist es nur eine einzelne Äußerung, die eindeutig unwahr ist, mit der das Kind aber etwas ganz Bestimmtes ausdrücken will.

Wenn ein Kind von einer Geburtstagsfeier kommt und mit glänzenden Augen von dem tollen Nachmittag erzählt und dabei erwähnt: »Der Geburtstagskuchen ging bis unter die Decke!«, so hat das Kind das nicht gesagt, um uns bösartig zu täuschen, sondern um das Außergewöhnliche des Erlebten darzustellen.

Manchmal verbergen sich hinter diesen – für uns oft überraschenden – Äußerungen starke Wünsche oder Ängste.

Sie können die von Ihnen vermuteten Motive ansprechen und so Ihrem Kind zeigen, daß es darüber auch anders mit Ihnen reden kann.

Bedenken Sie aber auch:

Kinder vermeiden dann, die Wahrheit zu sagen, wenn sie Angst vor den Konsequenzen haben, weil Eltern strafen, statt zu verstehen.

- Kinder unterscheiden Wahr und Unwahr anders als wir.
- Kinder erzählen gerne »Lügengeschichten«. Das regt ihre Phantasie an und fördert ihre sprachliche Ausdrucksfähigkeit. Machen Sie mit!
- Kinder vermeiden, die Wahrheit zu sagen, wenn sie Angst vor den Konsequenzen haben.

Fragen alle Kinder so viel?

»Mama, was hat der Mann da?«
»Einen Spaten.«
»Was macht er damit?«
»Er gräbt ein Loch in die Erde.«
»Warum?«
»Damit er Blumen pflanzen kann.«
»Warum?«
»Weil ihm Blumen gefallen.«
»Warum?«.........

Dieser Dialog einer Mutter mit ihrem drei- bis vierjährigen Kind könnte endlos so weitergehen. Er würde wahrscheinlich erst dann enden, wenn die Mutter erschöpft aufgibt und nicht mehr antworten will oder nichts mehr zu antworten weiß.

Diese Zeit des ständigen Fragens bezeichnet man als Fragealter.

In dieser Phase erweitern Kinder ihr Wissen, und ihr Wortschatz wächst von Tag zu Tag. Das Fragealter ist daher von großer Bedeutung für die sprachliche und geistige Entwicklung eines Kindes.

Manche Kinder halten ihre Eltern mit ihren Fragen allerdings so auf Trab, daß es diesen schwer fällt, geduldig zu bleiben. Einerseits wollen sie den Wissensdurst ihres Kindes stillen, andererseits spüren sie, daß die Fragerei nur dazu dient, Kontakt mit ihnen zu halten, und verweigern dann manchmal verärgert die Antwort.

Zu diesem Ärger müssen Sie es nicht kommen lassen, wenn Sie den Spieß umdrehen und ein Spiel daraus machen: Fragt Ihr Kind Sie zum drittenmal: »Was macht der Elefant hier?«, obwohl Sie diese Frage schon zweimal beantwortet haben, fragen Sie doch einfach einmal zurück: »Ja, was macht denn der Elefant hier?« Nun ist Ihr Kind an der Reihe, auf Ihre Fragen zu antworten.

Es kann Ihnen auch beiden Spaß machen, wenn Sie auf die immer wiederkehrenden, zermürbenden Fragen eine absurde – aber für das Kind durchschaubare – Antwort geben. So könnten Sie auf die Frage: »Was macht der Elefant hier?« antworten: »Er hüpft auf einem Bein«. Auch daraus läßt sich ein Spiel mit abwechselnden Fragen und Antworten machen.

- Kinder fragen gerne und viel und benötigen die richtigen Antworten zur Erweiterung ihres Wissens und ihres Wortschatzes.
- Kinder fragen auch, um im Kontakt mit den Bezugspersonen zu bleiben.
- Wird Ihnen die Fragerei zuviel, drehen Sie doch den Spieß einfach um, indem Sie zurückfragen.

Wie kann unser Kind mutiger werden?

Sascha spielt im Kindergarten vorwiegend allein, Katharina traut sich nie auf die Rutsche, Lydia reagiert sehr ängstlich auf Erwachsene und versteckt sich am liebsten hinter Mamas Rücken, Patrick wehrt sich nicht, wenn andere ihm Spielzeug wegnehmen. Über solche Verhaltensweisen müssen Sie sich keine Gedanken machen, wenn Ihr Kind erst zwei bis drei Jahre alt ist. In diesem Alter reagieren viele Kinder zurückhaltend. Sie müssen sich ja auch erst mit ihrer Umwelt vertraut machen.

Selbst wenn die Schüchternheit über dieses Alter hinaus bestehen bleibt, fallen diese Kinder nicht besonders auf. Sie fügen sich selbstverständlich in den Kindergartenalltag ein, sie streiten kaum um Spielzeug, und Äußerungen wie »Ich *will* aber« gibt es bei ihnen höchst selten. Es ist zunächst sehr angenehm, mit diesen Kindern zusammenzuleben, wenn wir doch nicht irgendwann die Sorge hätten, daß sie zu gehemmt sind. Es scheint so zu sein, als könnten diese Kinder vor lauter Ängstlichkeit ihre Neugier nicht mehr entfalten. Sie sind gehemmt, den nächsten Schritt allein zu tun, und benötigen wirklich oder im übertragenen Sinne unsere Hände, die sie leiten, schützen und stützen.

Hat ein ohnehin ängstliches Kind außerdem eine Sprachstörung und ist dadurch häufig der Kritik seiner Umgebung ausgesetzt, dann verkümmert sein schwaches Selbstbewußtsein noch mehr.

Um Selbstbewußtsein zu entwickeln, müssen Kinder Erfolgserlebnisse haben. Dazu kommen sie nur durch eigenes Ausprobieren. Dabei geht es nicht um spektakuläre Leistungen, den Sprung vom Dreimeterbrett, sondern um ganz alltägliche Dinge. Das fängt beim An-und Ausziehen an. Natürlich geht es oft schneller, wenn die Eltern das übernehmen. Aber selbst wenn die Hose falsch herum angezogen ist, werden die Augen des Kindes leuchten, und es weiß: »Ich habe es geschafft«. Ähnlich ist es bei allen »Hilfen« im Haushalt. Bestimmt ist die Gießkanne viel zu groß und zu schwer. Die Eltern fürchten eine große Wasserpfütze. Aber das Kind will probieren, und vielleicht wird es keinen Tropfen Wasser verschütten. Und wenn es dann doch passiert, ist es auch nicht schlimm. Das Selbstvertrauen Ihres Kindes ist gewachsen, weil es etwas selber ausprobieren durfte. Oder noch ein anderes Beispiel. Ihr Kind traut sich, *eine* Stufe am

Klettergerüst zu klettern. Das will gelobt sein. Es ist seine Leistung, und die ist großartig, auch wenn Sie vielleicht insgeheim denken: »Das ist ja nicht viel.«

Es ist wichtig, daß Sie Ihr Kind immer wieder in seinem Tun bestärken, damit es seine Fortschritte als eigene Erfolge erleben kann.

- Lassen Sie Ihr Kind viel allein ausprobieren, damit es Erfolgserlebnisse haben kann.
- Durch Erfolgserlebnisse wird Ihr Kind selbständiger und selbstbewußter.
- Ihr Lob und Ihre Anerkennung machen Ihrem Kind Mut.

Schadet Fernsehen unserem Kind?

Über die schädlichen Auswirkungen des Fernsehens auf Kinder ist schon viel geschrieben worden. Was für alle Kinder gilt, betrifft in verstärktem Maße auch ein Kind mit Sprachschwierigkeiten. Aber trotz aller Gefahren: Das Fernsehen gehört heute zu unserem Leben und damit zum Leben unserer Kinder.

Fast alle Kinder sehen gerne fern. Und da der Fernseher heute schon beinahe in jedem Haushalt zur Einrichtung gehört, sitzen bereits sehr kleine Kinder regelmäßig vor dem Fernseher.

Selbst wenn Sie zu den Fernsehgegnern gehören, schaffen Sie es nicht mehr, Ihre Kinder vom Fernsehen abzuhalten. Wenn Sie es verbieten oder erst gar keinen Fernseher besitzen, suchen Ihre Kinder jede Gelegenheit, bei Nachbarn oder Freunden fernzusehen.

In manchen Familien ist es üblich, daß regelmäßig das Vorabendprogramm eingeschaltet wird, unabhängig davon, was das Programm gerade bietet. Und die Kinder sehen natürlich fasziniert mit.

Dieses Vorabendprogramm ist in der Regel für die Unterhaltung Erwachsener produziert worden. Für Kinder sind diese Sendungen häufig nicht vollständig zu verstehen, und es bleiben Eindrücke zurück, die schwer zu verarbeiten sind.

Da viele Eltern nur »nebenbei« fernsehen, ist ihnen oft gar nicht bewußt, was da auf ihr Kind einstürmt. Sie wundern sich allenfalls, warum ihr Kind wieder so schlecht geschlafen hat oder warum es so oft überdreht ist.

Es ist gar keine Frage, daß viele Filme, die nicht für Kinder produziert wurden, von diesen auch nur schwer zu verstehen und einzuordnen sind. Das liegt einmal an dem generell schnellen Ablauf der Filme, dem schnellen Wechsel von Menschen, Orten und Begebenheiten, der nicht kindgemäßen Sprache und den undurchsichtigen Zeitsprüngen. Es liegt aber auch daran, daß Kinder bis zum 7. Lebensjahr Phantasie und Realität nicht so klar trennen können.

Außerdem können Kinder bei Unklarkeiten selten etwas nachfragen. Es geht ja darum, beim Fernsehgeschehen zu bleiben und die anderen nicht durch Fragen zu stören. So bleibt das Fernsehen eine »eingleisige« Unterhaltung, es sei denn, die Eltern nehmen sich Zeit, nach der Sendung mit den Kindern darüber zu sprechen.

Fernsehen, sinnvoll eingesetzt, ist nicht unbedingt schädlich. Wenn Sie detailliertere Empfehlungen zu diesem Thema suchen, möchten wir auf die Broschüren der Bundeszentrale für politische Bildung »Neue Medien und Familie« und »Neue Medien – Freunde unserer Kinder?« verweisen, in denen sehr anschaulich darauf eingegangen wird. Sie sind kostenlos unter folgender Adresse zu bestellen:

Bundeszentrale für politische Bildung
Referat Medienpädagodik und Neue Medien
Postfach 2325
53013 Bonn

- Wählen Sie die Sendungen aus, die für die jeweilige Altersgruppe Ihres Kindes produziert wurden.
- Sehen Sie so oft wie möglich mit Ihren Kindern gemeinsam fern.
- Sprechen Sie über die Sendungen; dann merken Sie schnell, was Ihre Kinder nicht verstanden haben.

6

Was können Eltern tun?

Wir haben bisher immer wieder betont, daß Eltern auf keinen Fall versuchen sollten, die Sprachstörung ihres Kindes selbst zu beheben. Das heißt jedoch nicht, daß sie auf die Sprachentwicklung ihres Kindes keinen Einfluß nehmen könnten.

Ganz im Gegenteil!

Ohne die Mithilfe der Eltern wird die Entwicklung der Sprache erschwert.

Deshalb beschreiben wir in den folgenden Kapiteln, welche Möglichkeiten Eltern haben, die Sprachentwicklung ihres Kindes zu unterstützen.

6.1 Die sprachliche Zuwendung

Wie in Kapitel 2.2 beschrieben, hört das Kind die Stimme der Mutter schon, bevor es geboren wird. Sie ist ihm also bereits vertraut, wenn die Mutter dann später beim Stillen und Pflegen zu ihm spricht.

Sprache hat dabei noch nicht die Funktion, sachliche Inhalte zu vermitteln, sondern drückt die Gefühle der Mutter aus. Auch der Vater, und nach und nach andere

Bezugspersonen, nehmen auf diese Weise Beziehung zu dem Kind auf.

Ihr Kind kann also in diesem Alter noch nicht verstehen, was Sie zu ihm sagen, aber Sie geben ihm durch die sprachliche Zuwendung ein Gefühl der Geborgenheit.

Die sprachliche Zuwendung ist außerdem eine erforderliche Voraussetzung dafür, daß sich das Sprachverständnis Ihres Kindes entwickeln kann.

Dafür ist es nicht nötig, besondere Anlässe zu schaffen, sondern es reicht, die Situationen im Alltag zu nutzen. Indem Sie Ihre Tätigkeiten sprachlich begleiten: »Jetzt ziehen wir die Schuhe an«, lernt Ihr Kind, daß jedes Ding einen Namen hat. Dabei ist es wichtig, daß die Dinge und Situationen immer mit den gleichen Wörtern und Sätzen benannt werden. Denn erst durch häufige Wiederholungen entwickelt sich das Sprachverständnis.

Nur die Sprache, die ein Kind versteht, kann es auch selber sprechen. Das ist bei uns Erwachsenen ebenso. Wenn wir eine Fremdsprache lernen, können wir eventuell schon einer kleinen Unterhaltung folgen, aber mitreden können wir noch nicht. Erst mit der Zeit – und unserem Mut zu Fehlern – trauen wir uns dann selbst zu sprechen. Wir alle sind mit unserem Sprachverständnis immer weiter als mit unserer gesprochenen Sprache. Das bedeutet, daß auch Kinder zuerst einmal viel Sprache gehört und verstanden haben müssen, bevor sie selbst sprechen können.

Sprachliche Zuwendung zu Ihrem Kind ist weniger eine Sache der Zeit als der Einstellung. Auch wenn Sie mehrere Kinder haben, gibt es Gelegenheiten, in denen Sie mit einem Kind alleine sind: wenn Sie das Jüngste ins Bett bringen oder wenn Sie den Ältesten in seinen Turnverein begleiten. Diese Gelegenheiten können Sie nutzen. In der Hektik des Alltags wird es häufig passieren, daß Sie mit Ihren Gedanken woanders sind, während Sie Ihr Kind für das Bett fertigmachen oder mit ihm Bus fahren. Wenn Sie sich hingegen in dieser Zeit Ihrem Kind ungeteilt zuwenden, kann es seinen Bedarf an Zuwendung decken, ohne daß es Sie zusätzliche Zeit kostet.

Bedenken Sie, daß Ihr Kind Zeit braucht, das Gehörte zu verarbeiten. Überschütten Sie es deshalb nicht mit Sprache, sonst besteht die Gefahr, daß es abschaltet, um sich vor zu vielen Eindrücken zu schützen. Wenn Sie Ihr Kind anschauen und auch einmal Pausen machen, während Sie mit ihm sprechen, werden Sie sehen, ob es Sie noch versteht.

- Die sprachliche Zuwendung der Eltern spielt eine besondere Rolle. Bleibt sie aus, kann sich keine Sprache entwickeln.
- Geben Sie Ihrem Kind Zeit, Ihre Sprache zu verstehen.
- Zuerst entwickelt sich das Sprachverständnis, dann kommen die eigenen sprachlichen Äußerungen.

6.2 Über das Zuhören

Es kommt nicht nur darauf an, Kindern Sprache anzubieten, sondern auch darauf, gute Zuhörer zu sein.

Ein guter Zuhörer regt durch sein Interesse den Gesprächspartner zum Sprechen an. Und ein guter Zuhörer läßt den Partner aussprechen. Für Ihr Kind in der Sprachentwicklung heißt das, daß es genügend Zeit bekommt, etwas sprachlich zu formulieren, auch wenn seine Ausdrucksgewandtheit noch gering ist.

Die Bedingung, gute Zuhörer zu sein, erfüllen bei weitem nicht alle Eltern. Da ist die temperamentvolle Mutter, der es einfach immer zu lange dauert, bis das Kind zu Ende gesprochen hat. Obwohl sich das Kind bemüht, nimmt sie ihm »das Wort aus dem Mund«. Damit verhindert sie immer wieder die eigenen Sprechversuche ihres

Kindes und braucht sich nicht zu wundern, wenn seine Ausdrucksfähigkeit nicht zunimmt.

Sehr oft geschieht auch folgendes: Ein Erwachsener stellt dem Kind im Beisein der Mutter eine Frage, und die Mutter antwortet bereits, noch bevor das Kind seine Scheu überwinden kann. Damit hat sie ihm die Möglichkeit genommen, sich mit einer fremden Person zu unterhalten. Von seinen Eltern wird das Kind verstanden, weil sie seinen Wortschatz und seine Ausdrucksweise kennen. Mit einem fremden Menschen müßte es sich erst sprachlich »zusammenraufen«. Das aber kann das Kind sprachlich weiterbringen.

Manche Eltern unterbrechen zwar ihr Kind nicht, sind aber trotzdem keine guten Zuhörer. Sie rühren weiter im Kochtopf oder verrichten irgendeine Tätigkeit und hören nur mit einem Ohr zu. Für viele Kinder wirkt das so, als sprächen sie gegen eine Wand. Auch für uns wäre es eine Zumutung, mit jemandem zu sprechen, der uns nicht zuhört, sondern einfach weiter Zeitung liest.

Natürlich gibt es Arbeiten, die die Eltern nur sehr ungern unterbrechen und in die das Kind mittenhinein platzt. Der Erwachsene geht dann von seiner Fähigkeit aus, Probleme »vertagen« zu können. Er meint, das Kind könnte ja auch später mit seinem Anliegen kommen, wenn er diese Arbeit beendet hat. Je jünger ein Kind ist, um so weniger ist es in der Lage, Probleme, die es sehr bewegen, erst später vorzubringen. Es sprudelt sofort alles aus ihm heraus. Unterbrechen Sie daher, wenn es möglich ist, Ihre Arbeit für kurze Zeit, denn Sie verlangen zu viel von Ihrem Kind, wenn Sie es auf später vertrösten.

Wie ist es aber, wenn Ihr Kind den ganzen Tag mit Ihnen reden will?

So viel Zeit hat niemand. In diesem Fall können Sie sich fragen, ob Ihr Kind vielleicht deshalb den ganzen Tag spricht, weil Sie ihm immer nur nebenbei zuhören. Es ist für Eltern und Kinder leichter, wenn es zur Gewohnheit wird, daß in der Regel Zeit zum Sprechen und zum Zuhören vorhanden ist. Dann weiß Ihr Kind genau, daß es seinen Bedarf auf jeden Fall decken kann, und wird Sie auch einmal in Ruhe lassen, wenn Sie tatsächlich keine Zeit haben. Ihr Kind wird allmählich lernen zu warten, weil es weiß, daß es sich auf Sie verlassen kann. Sollten Sie es doch einmal vertrösten, denken Sie daran, Ihr Versprechen einzulösen.

Wenn Sie Ihrem Kind zuhören, schauen Sie es an, fragen Sie nach, ob Sie es richtig verstanden haben, indem Sie noch einmal zusammenfassen, was Sie verstanden haben, bevor Sie antworten. So hat Ihr Kind die Chance zu widersprechen oder zuzustimmen, und Sie bleiben im Gespräch. Das könnte so verlaufen:

Kind: »Neues Teid haben!«
Mutter: »Du willst ein neues Kleid haben.«
Kind: »Nein, neues Teid haben!«
Mutter: »Du möchtest gar kein neues Kleid!«
Kind: »Nein!«
Mutter: »Was ist denn mit dem neuen Kleid?«
Kind: »Tanja!«
Mutter: »Ach, Tanja hat ein neues Kleid?«
Kind: »Ja!«
Mutter: »Und gefällt es dir?«

- Wenn Sie gut zuhören können, regen Sie die Sprache Ihres Kindes an.
- Schauen Sie Ihr Kind an, wenn Sie mit ihm sprechen.
- Lassen Sie Ihr Kind aussprechen, auch wenn es länger dauert.
- Lassen Sie Ihr Kind selbst antworten, wenn es von anderen angesprochen wird.
- Wenn es möglich ist, unterbrechen Sie Ihre Arbeit, um Ihrem Kind zuzuhören.

6.3 Miteinander reden

Eine sehr gute Möglichkeit, die Sprachentwicklung des Kindes zu fördern, bietet das Gespräch.

Erst in unserem Jahrhundert setzte das Bestreben ein, im Kind überhaupt einen Gesprächspartner zu sehen. Daß ein Kind seine Meinung äußern darf, ja sogar äußern soll, war bis dahin nicht üblich. Es sollte sich möglichst ohne Widerspruch anpassen. Mit Gästen der Eltern bei Gelegenheit ein Gespräch zu führen oder gar bei Tisch mitzureden wäre außerordentlich ungezogen gewesen. Selbst die jetzige Großelterngeneration wurde noch mit Sätzen wie »Ein Kind spricht nur, wenn es gefragt wird!« oder »Bei Tisch wird nicht gesprochen!« erzogen.

Bei der autoritären Erziehung wurde eine Diskussion mit den Kindern vermieden oder mit Strafen im Keim erstickt. Die Probleme aber blieben, denn Probleme lassen sich nun einmal nicht beheben, indem man einfach nicht darüber spricht oder sie durch Strafen verdrängt.

Seit der Zeit der sogenannten antiautoritären Erziehung wird den Diskussionen und der Mitbestimmung der Kinder große Bedeutung beigemessen. Das bedeutet, daß Kinder – und auch Erwachsene – lernen müssen, wie sie miteinander reden können, damit ein wirkliches, gegenseitiges Verstehen möglich ist. Denn Gespräche passieren nicht, sie müssen geführt werden, und zwar mit einem Gegenüber, das versteht und verstanden werden will, also mit jemandem, der nachfragt, emotional reagiert und sich auf den Gesprächspartner einstellt.

- Sich beim Miteinanderreden wirklich zu verstehen will gelernt sein.

Möglichkeiten, das »Miteinanderreden« zu üben, gibt es den ganzen Tag. Oft werden sie nicht wahrgenommen. Viele Eltern fühlen sich überlastet. Sie arbeiten viel, weil sie ihren Kindern etwas »bieten« wollen. Dabei bieten sie ihren Kindern sehr viel, wenn sie Zeit für sie haben: Zeit für gemeinsame Unternehmungen, Spiele oder ein Gespräch.

Es gibt Gelegenheiten, bei denen Sie ein solches Gespräch zu einem festen Bestandteil Ihres gemeinsamen Alltags machen können. Einige werden im folgenden beschrieben.

Die Viertelstunde vor dem Einschlafen

Eine günstige Gelegenheit zum Gespräch ist die Zeit vor dem Einschlafen. Das Zubettgehen der Kinder ist in den meisten Familien äußerst kritisch. Es wird hinausgezögert und umgangen, wo immer es geht, denn wenn es heißt: »Zu Bett gehen«, ist der schöne Tag endgültig vorbei. Wenn Kinder aber wissen, daß nach dem Zähneputzen und Waschen noch eine ruhige, entspannte Zeit mit Ihnen zum allabendlichen Ablauf gehört, wird das Zubettgehen leichter.

Diese Viertelstunde können Sie nach den Wünschen Ihres Kindes gestalten, also entweder singen, vorlesen, Bilderbücher anschauen oder auch »nur« miteinander reden (vgl. 6.2).

Das ist auch eine gute Gelegenheit, um sich jedem Kind, wenn auch nur für kurze Zeit, einzeln zu widmen, vor allem bei geschwisterlicher Eifersucht.

Sicher kostet das Zeit, doch bei dem ewigen Schimpfen und Antreiben am Abend, bis Ihr Kind endlich im Bett ist, vergeht sehr leicht eine Viertelstunde oder sogar eine halbe Stunde, aber diese wird eingespart, wenn Ihr Kind erst einmal die Erfahrung gemacht hat: »Wenn ich trödle, ist die Zeit weg, in der Mama oder Papa etwas Schönes mit mir machen würde.«

Wie können Sie bei dieser abendlichen Viertelstunde mit Ihrem Kind in ein Gespräch kommen?

Nehmen Sie z. B. ein Buch, lassen Sie Ihr Kind eine Seite aufschlagen, warten Sie, ob Ihr Kind etwas dazu sagt. Wenn nicht, können Sie etwas darüber erzählen. Sie können auch Fragen stellen, aber verfallen Sie nicht in ein Abfragen, denn das ist kein Gespräch, und gerade Kinder mit Sprachschwierigkeiten reagieren darauf oft empfindlich: sie fühlen sich auf die Probe gestellt, sagen lieber gar nichts mehr oder lenken ab.

Oder nehmen Sie eine Puppe oder ein Kuscheltier und lassen es sich mit Ihrem Kind unterhalten. Das ist für viele Kinder spannender und leichter, als direkt mit Ihnen zu sprechen. Sie können mit Ihrem Kind auch über etwas sprechen, das gerade nicht zu sehen ist, das es aber gut kennt oder interessant findet, die Feuerwehr oder die Großeltern, die in einer anderen Stadt wohnen. Mit der Zeit können Sie gemeinsam Erlebtes zum Thema Ihres Gesprächs machen, indem Sie fragen: »Weißt du noch, wie es mit dem Clown im Zirkus war?«

- Das Zubettgehen fällt Ihrem Kind leichter, wenn Sie den Tag gemeinsam ausklingen lassen.
- Die gemeinsam gestaltete Viertelstunde jeden Abend kann eine regelmäßige Gelegenheit für ein ruhiges Gespräch mit Ihrem Kind sein.

Das Tischgespräch

Die Mahlzeiten sind oft der einzige regelmäßige Treffpunkt der gesamten Familie und deshalb eine wunderbare Gelegenheit, sich miteinander zu unterhalten. Das will gelernt sein. Zu Beginn können Sie als Erwachsener regelnd einschreiten und etwa sagen: » Moment, Tobias wollte schon lange etwas sagen. Jetzt ist er dran, und danach kannst du weitererzählen.« Befindet sich ein Kind mit Sprachschwierigkeiten in der Familie, so braucht es natürlich mehr Zeit, um sich an der Unterhaltung zu beteiligen. Sie können über Ihre Erlebnisse des Tages berichten oder Ihr Kind nach seinem Tag fragen. Sie können auch Pläne für das Wochenende schmieden. Es werden sicher auch einmal schwierige Themen angeschnitten. Dabei sollte allerdings immer das genußvolle Essen im Vordergrund stehen. Wenn das nicht mehr möglich ist, verschieben Sie die Diskussion auf einen anderen Zeitpunkt.

Wo die schwierigeren Probleme einen Platz in Ihren familiären Gesprächen finden können, lesen Sie unter der folgenden Überschrift.

- Bei regelmäßigen Tischgesprächen können Kinder lernen, selbst zu sprechen und anderen zuzuhören.

Die Familienbesprechung

Über Probleme zu sprechen ist auch für uns Erwachsene schwer. Zu der rein sprachlichen Leistung, sich verständlich zu machen, kommt die Aufgabe, »die richtigen Worte« zu finden. Dabei kann eine Einrichtung wie die »Familienbesprechung« helfen:

Einmal in der Woche trifft sich die Familie zu einem festgelegten Zeitpunkt, um über Probleme zu sprechen, die in der Familie auftreten.

Wenn Ihre Kinder in der Pubertät sind und auf Mitbestimmung drängen, ist es schwer, so etwas neu einzuführen. Es empfiehlt sich, früher damit zu beginnen, denn auch ein fünfjähriges Kind kann seine Meinung sagen und Ideen haben, wie man ein Problem lösen könnte.

In der »Familienbesprechung« kann jeder seine Beschwerden vorbringen, etwa daß ein Kind Schwierigkeiten mit einem der Geschwister hat oder daß es als einziges Kind in der Klasse so wenig Taschengeld bekommt.

Sollte man die Probleme nicht gleich besprechen, wenn sie auftauchen? Sicher, Kinder kommen mit ihren Anliegen sofort, ohne zu warten, bis die »Familienbesprechung« stattfindet. Dann sind sie aber oft sehr aufgeregt und nicht fähig, eine Erklärung zu verstehen oder sich die Argumente des anderen anzuhören. Es ist also besser, zu einem anderen Zeitpunkt noch einmal über das Problem zu sprechen, und zwar in einer Gruppe. Sobald das aktuelle Trösten geschehen ist, können Sie auf die nächste »Familienbesprechung« verweisen.

Wenn Ihr Kind seine »Beschwerde« dann vorträgt, lernt es das, was für uns alle nicht leicht ist: etwas, das uns bedrückt, sprachlich auszudrücken.

Alle Familienmitglieder sind aufgefordert, Vorschläge zu machen, was man tun könnte, um gerade dem einen Kind gerecht zu werden.

Sie werden erstaunt sein, wie schnell Ihre Kinder lernen, etwas zu regeln. Voraussetzung ist natürlich, daß Sie als Eltern die Vorschläge Ihrer Kinder ernst nehmen. Die Familienbesprechung verlangt viel von den Eltern. Sie sind herausgefordert, wirklich zu verhandeln.

Für die Kinder könnte diese »Familienbesprechung« eine Gelegenheit sein, Vorteile und Schwierigkeiten einer Demokratie selbst zu erfahren.

Folgendes können Sie mit diesen Familiengesprächen erreichen:

– Ihr Kind lernt, daß man über Konflikte sprechen kann und sie nicht mit Gewalt lösen muß.

– Ihr Kind lernt, auch komplizierte Dinge sprachlich auszudrücken.

– Ihr Kind fühlt sich ernstgenommen und gleichberechtigt. Auch schwierige Phasen, wie die Pubertät werden dadurch leichter zu überstehen sein.
– Ihr Kind wird »Familienregeln«, die es selbst mit aufgestellt hat, besser einhalten.

- In der Familienbesprechung können alle Familienmitglieder lernen, die eigenen Anliegen zu formulieren und die der anderen zu verstehen.

Telefonieren

Das Telefon übt auf Kinder eine große Faszination aus. Jedesmal wenn es klingelt, lassen die Erwachsenen, um deren Aufmerksamkeit die Kinder oft ringen, alles stehen und liegen, nur um mit jemandem zu sprechen.

Daß man den Gesprächspartner nicht sehen kann, ist zwar spannend für Kinder, macht das Sprechen am Telefon aber auch schwieriger. Wenn Kinder telefonieren, können wir beobachten, daß sie mitunter mit dem Kopf nicken, um Zustimmung zu signalisieren, oder auf etwas zeigen, obwohl ihr Gegenüber sie nicht sehen kann. Was für uns niedlich aussieht, aber absurd ist, kommt dem Kind ganz schlüssig vor.

Respektieren Sie, wenn Ihr Kind nicht mit Opa sprechen will, auch wenn er und Sie sich das noch so sehr wünschen. Es kann sein, daß es für Ihr Kind unheimlich ist, den Opa nur sprechen zu hören, aber nicht zu sehen. Außerdem klingt seine Stimme am Telefon ganz anders als sonst.

Für Kinder mit Sprachschwierigkeiten kann Telefonieren besonders schwer sein, weil man dabei ganz auf die Sprache angewiesen ist.

Telefonieren zu spielen macht vielen Kindern Spaß und

ist eine sehr gute Möglichkeit, miteinander ins Gespräch zu kommen. Und es kann auch schüchternen Kindern den Einstieg ins richtige Telefonieren erleichtern. Sehen Sie Ihr Kind bei den ersten Spieltelefonaten an, damit es Ihre vertraute mimische Rückmeldung hat. Spielen Sie zunächst sich selbst und schlüpfen Sie mit der Zeit in die Rolle anderer Personen. Wenn Ihrem Kind diese Art zu telefonieren Spaß macht, können Sie sich umdrehen, so daß kein Blickkontakt mehr möglich ist. Sie können Ihre Stimme ein wenig verstellen oder ein Kuscheltier Ihres Kindes den Telefonpartner spielen lassen. Noch schwieriger ist es, wenn Sie den Raum verlassen und sozusagen gar nicht mehr da sind.

- Telefonieren ist interessant, aber für Kinder mit Sprachschwierigkeiten Schwerstarbeit.
- Telefonieren zu spielen ist eine gute Gelegenheit, ins Gespräch zu kommen.
- Manche Kinder wollen lange Zeit nur telefonieren spielen, bevor sie sich trauen, wirklich mit jemandem zu telefonieren.

6.4 Neue Wörter und Begriffe

Kinder lernen zuerst Wörter für Dinge und Personen, die sich in ihrem direkten Umfeld befinden, die für sie wichtig sind und die sie anfassen, riechen und schmecken können. So sind die Bezugspersonen, die das Kind versorgen, oft die ersten, die ein Kind benennt. In allen Sprachen gehören die Wörter »Mama« und »Papa« zu den ersten Wörtern und bestehen aus leicht zu sprechenden, ähnlichen Lauten.

In dieser Zeit lernt das Kind auch, die Dinge zu benennen, die es selber erreichen kann, »Ball« oder »Tee«. Deshalb helfen Sie dem Kind, seinen Wortschatz zu erweitern, wenn Sie ihm ermöglichen, sich die Welt auf seine Weise zu erobern, sie mehr und mehr zu begreifen.

Auf natürlichste Weise kommt Ihr Kind im Lauf des Tages mit neuen Wörtern und Begriffen in Berührung. Sie können alles, was sie gemeinsam tun, mit Sprache begleiten: »Jetzt mache ich uns einen Tee«. Ihr Kind wird vielleicht zuerst nur ein Wort aufgreifen: »Tee«. Etwas später, wenn sich Zweiwortsätze zu entwickeln beginnen, fragt Ihr Kind Sie möglicherweise: »Tee haben?«

Hat Ihr Kind dann weitere Tätigkeitswörter gelernt, wird es schon genauer sagen können: »Tee tinken« oder »Lade essen«.

Wenn es am Anfang der Sprachentwicklung darauf ankommt, alle Dinge und Tätigkeiten immer wieder mit den gleichen Namen zu benennen, so ist es später wichtig, die Dinge genauer zu bezeichnen und neue, auch seltenere Begriffe einzuführen.

Hat Ihr Kind einen Vogel mit der Lautmalerei »Piep-piep« umschrieben, so können Sie antworten: »Ja, das ist ein Vogel, der macht piep-piep«. Gehört »Vogel« dann zum Wortschatz Ihres Kindes, können Sie diesen genauer bezeichnen mit »Amsel« oder »Spatz«.

Auf diese Weise wird die Sprache Ihres Kindes immer differenzierter. Mit der Zeit lernt Ihr Kind auch, daß »Amsel« und »Spatz« trotzdem beide auch »Vogel« genannt werden können, oder »Tasse« und »Teller« beide auch »Geschirr«, und es bildet Oberbegriffe.

Einen weiteren Entwicklungsschritt hat Ihr Kind getan, wenn es Eigenschaftswörter verwenden kann. Dabei fällt es Kindern leichter, sich diese Wörter zu merken, wenn sie in Verbindung mit einer unmittelbaren Erfahrung gelernt werden: Ein Kind will die Tasche seiner Mutter tragen. Die Mutter sagt beinahe warnend: »Die ist aber schwer!« Das Kind nimmt die Tasche trotzdem, schleift sie mühsam hinter sich her und erlebt dabei, was »schwer« ist.

Auch daß etwas »heiß oder kalt«, »süß oder sauer«, »naß oder trocken« sein kann, lernt Ihr Kind am leichtesten in Verbindung mit eigenen Erfahrungen, vorausgesetzt, es hört immer wieder die richtige Bezeichnung für diese Eigenschaften. Es muß zuerst verstehen, was diese Begriffe bedeuten, bevor es sie selbst in seinen Wortschatz übernehmen kann.

Dabei ist die Verknüpfung von bekannten mit neuen Wörtern und Begriffen eine Hilfe für Ihr Kind: »Der ist langsam wie eine Schnecke, und der ist schnell wie ein Rennauto«.

Durch solche Verknüpfungen lassen sich auch Farben leichter lernen:

»Die Hose ist rot – wie die Feuerwehr«.

»Diese Blume ist gelb – wie die Sonne«.

»Diese Schachtel ist grün – wie das Gras«.

Sie können daraus ein Spiel machen, indem Sie durch die Wohnung gehen und suchen, was alles »rot – wie die Feuerwehr« ist. Die dabei ständige Wiederholung des Wortes »rot« trägt dazu bei, daß der Begriff gefestigt wird.

Durch geeignete Spiele und Bücher erhöhen sich die Chancen, auch an Begriffe heranzukommen, die nicht aus der unmittelbaren Umgebung des Kindes stammen. Lesen Sie dazu die Kapitel »Vorlesen und Erzählen« und »Sprachfördernde Spiele«.

- Der Wortschatz Ihres Kindes entspricht seinem Erfahrungsschatz. Lassen Sie Ihr Kind daher möglichst viel ausprobieren.
- Neue Wörter und Begriffe kann sich Ihr Kind nur merken, wenn es sie immer wieder hört.
- Verwenden Sie in Ihrer eigenen Sprache allmählich immer differenziertere Bezeichnungen, damit Ihr Kind mit neuen Wörtern und Begriffen in Berührung kommt.

6.5 Vorlesen oder Erzählen

Kinder beschäftigen sich mit Büchern, lange bevor sie Interesse an dem zeigen, was wir uns unter »Vorlesen« vorstellen.

Zunächst einmal möchten Kinder ein Buch be-greifen, d. h. anfassen, umblättern, und vielleicht erkennen sie dabei auch schon einen der abgebildeten Gegenstände. Für diese Altersstufe gibt es Bücher, die aus weichem, abwaschbarem Kunststoff sind oder aus dickem Holz und bei denen auf jeder Seite nur ein Gegenstand abgebildet ist, den die meisten Kinder aus ihrem Alltag kennen.

Wenn Ihr Kind zu einem dieser Bücher greift, will es das zunächst einmal auf- und zublättern, umdrehen und vielleicht auch mal in den Mund nehmen. Wenn Sie dann die einzelnen Gegenstände benennen, wird Ihr Kind lernen, daß auch das Spaß macht, und Sie irgendwann von sich aus imitieren.

Kennt Ihr Kind die Bilder, können Sie fragen: »Wo ist denn der Ball?« Ihr Kind kann dann den Ball im Buch suchen und auf ihn zeigen. Ist es noch unsicher, suchen Sie es selber, zeigen darauf und sagen: »Da ist der Ball.« Wenn es dann mit Freude »Ba« sagt, wiederholen Sie bestätigend »Ja, das ist ein Ball.« Ihr Kind hört das richtige Wort, ohne sich abgefragt oder verbessert zu fühlen.

Erst wenn Ihr Kind alle Dinge des Buches benennen kann, können Sie fragen: »Was ist das?« Sie wissen ja, was es ist, und fragen eigentlich: »Wie heißt das?« Ihr Kind muß also bereit sein, auf Kommando etwas zu sagen. Manche Kinder machen das gerne, andere fühlen sich zu sehr auf die Probe gestellt und verlieren den Spaß. Wenn Sie den Eindruck haben, Ihr Kind reagiert eher schüchtern, lassen Sie die Fragerei unbesorgt ganz weg. Auch Ihr eigenes Erzählen und ruhiges Abwarten, ob Ihr Kind von sich aus etwas erzählt, regen die Sprache Ihres Kindes an.

Ist Ihr Kind schon etwas älter, können Sie seinen Widerspruch hervorrufen, indem Sie etwas Falsches sagen. Zeigen Sie auf einen Hund und sagen Sie: »Schau mal, die schöne Katze!« Ihr Kind wird sofort protestieren und sehr viel Spaß an diesem Spiel haben, wenn Sie zugeben, daß Sie sich wohl geirrt haben. Dabei wird es viel eher zum Sprechen angeregt, als wenn Sie es nur nachsprechen lassen.

Als Übergang zu Büchern, in denen eine ganze Geschichte dargestellt ist, eignen sich Bücher, bei denen die Kinder mit dem Buch etwas machen können: z. B. »Klopf an« (Hanser Verlag): Bei relativ wenig Text kann Ihr Kind pro Seite an eine gemalte Tür anklopfen, um dann zur nächsten Seite zu blättern, auf der die nächste Tür wartet. Sehr gut dafür geeignet sind auch die »Hasi«- und »Mausi«-Bücher (Sauerländer), bei denen Ihr Kind im Buch etwas bewegen oder herausklappen kann. Es gibt inzwischen ein Riesenangebot von solchen Büchern.

Die Bücher für diese Entwicklungsphase sollten folgende Kriterien erfüllen: Leicht umzublätternde, stabile Seiten, wenig Text, wenige und klare Bilder auf einer Seite, alltägliche Inhalte.

Sollte Ihr Kind, ob es nun Sprachprobleme hat oder nicht, an Bilderbüchern gar kein Interesse zeigen, kann es sein, daß Sie einige kleine Schritte auf diesem Weg übersprungen haben. Manchmal lesen Eltern und andere Erwachsene sozusagen über den Kopf des Kindes hinweg ein Buch vor. Das Kind kann den Inhalt noch nicht verstehen, bleibt aber ruhig sitzen und freut sich über Ihre Gesellschaft, ohne weiter auf das Buch zu achten, oder es lenkt ab, vielleicht geht es sogar weg.

Als guter Zwischenschritt ist zu empfehlen: Lesen Sie sich das Buch zunächst allein durch und erzählen Sie es dann in Ihren eigenen Worten. Sie können sich dabei ganz auf die sprachliche Entwicklung Ihres Kindes einstellen.

Wenn Sie das Buch dann gemeinsam wieder anschauen,

können Sie fragen: »Weißt du noch, was hier los war?« Oder Sie erzählen den Anfang und fragen: »Weißt du noch, wie es weitergeht?« Machen Sie Ihrem Kind den Vorschlag, seiner Puppe oder seinem Teddy die Geschichte zu erzählen. Natürlich sind das alles nur Angebote, die am besten ankommen, wenn der Spaß im Vordergrund steht. Ist der Inhalt des Buches dann bekannt, können Sie zum Vorlesen übergehen.

Vorlesen ist nur sinnvoll, wenn Ihr Kind die angebotene Sprache mit den Bildern in Verbindung bringen kann und so den Inhalt versteht. Machen Sie daher beim Vorlesen Pausen, sprechen Sie über das bereits Gelesene, lassen Sie Ihrem Kind die Chance, nachzufragen oder eigene Ideen hinzuzufügen. So wird das Vorlesen zu einem gemeinsamen Erlebnis. Beachten Sie, ob Ihr Kind vielleicht schon ganz erschöpft ist vom Aufpassen und Zuhören. Sie können sich für eine spätere Fortsetzung verabreden.

Bei Geschichten, die in unserer Kultur verankert und allgemein bekannt sind, ist das Erzählen dem Vorlesen vorzuziehen. Gerade bei Märchen können Sie ganz individuell auf das eingehen, was Ihr Kind verstehen kann. So können Sie auch Einzelheiten hinzufügen, ausschmücken oder weglassen und haben dabei immer Ihr Kind vor Augen.

Kinder brauchen Bücher, die sie selber besitzen und die ihnen sozusagen zu vertrauten Freunden werden. So viele Bücher, wie ein Kind gerne haben möchte und eigentlich auch kennenlernen sollte, können jedoch die wenigsten Eltern anschaffen. Dafür gibt es Bibliotheken, die in den meisten Städten kostenlos oder gegen geringes Entgelt zu benutzen sind. Viele haben eigene Kinder- und Jugendbuchabteilungen, in denen Sie sich mit Ihrem Kind bei jedem Wetter sinnvoll und oft in gemütlicher Atmosphäre beschäftigen können. Darüber hinaus stehen Ihnen die Bibliothekarinnen und Bibliothekare mit guten Ideen und Erfahrung zur Seite. Normalerweise kann man die Bücher für vier Wochen ausleihen. Viele Bibliotheken verleihen auch Spiele.

- Fangen Sie mit einfachen Büchern an: unzerreißbar, abwaschbar und mit nur einem Gegenstand auf jeder Seite.
- Bevor Sie neue Bücher vorlesen, erzählen Sie den Inhalt in eigenen Worten.
- Machen Sie beim Vorlesen Pausen, damit Sie immer wieder über die Geschichte ins Gespräch kommen können.
- Nutzen Sie das Angebot der Bibliothek in Ihrer Nähe.

Kassetten hören

Eine andere Möglichkeit, mit Geschichten in Berührung zu kommen, sind die bei vielen Kindern sehr beliebten Kassetten. Es gibt wunderbare Hörspiele, in denen gute Sprecher kindgerecht spannende Geschichten erzählen. Die Phantasie der Kinder wird dabei mehr angeregt als durch das Fernsehen, weil ihnen die bildhafte Vorstellung des Geschehens nicht abgenommen wird. Der Kassettenrekorder ist leicht zu handhaben, die Kinder können recht schnell selbständig darauf zurückgreifen und sind für eine relativ lange Zeit sinnvoll beschäftigt. Einiges sollten Sie jedoch beim Gebrauch von Kassetten beachten:

Wenn Ihr Kind eine Geschichte von einer Kassette hört, ist es auf die Sprache ganz anders angewiesen als beim Fernsehen, bei dem die sprachlichen Inhalte durch Bilder unterstützt werden. Mit einem 45minütigen Hörspiel ist ein dreijähriges Kind eindeutig überfordert. Wenn Sie neue Kassetten beim ersten Mal gemeinsam hören, können Sie beobachten, ob Ihr Kind dem Inhalt folgen kann. Sie können anschließend darüber reden, und Ihr Kind kann Ihnen Fragen stellen. Zu vielen Kassetten gibt es auch Bücher, die Sie kaufen oder aus der Bibliothek entleihen können.

Besprechen Sie mit Ihrem Kind, wie lange und wie oft es sich seine Kassetten anhört. Als dauerberieselnde Untermalung sind sie nicht geeignet. Ihr Kind wird dabei lernen abzuschalten, um sich vor den Reizen zu schützen, die es in seiner Konzentration für andere Dinge stören.

Die eigene Sprache vom Band zu hören ist für viele Kinder ein großes Erlebnis, wenn sie alt genug dafür sind. Hier können Sie die Kassetten kreativ verwenden: Nehmen Sie mit Ihrem Kind auf, wie Sie sich unterhalten, einfach nur irgend etwas sagen: »Hallo, hier spricht ...«, oder wie Sie Ihrem Kind etwas vorlesen. Ein Geschenk ganz besonderer Art kann es sein, den in einer anderen Stadt wohnenden Großeltern eine Kassette mit Selbstaufgenommenem zu schicken. Ihr Kind bekommt dann eine Vorstellung davon, daß Kassetten nicht nur zum Zuhören da sind, sondern daß man damit auch kreativ umgehen kann.

Die nötige Ruhe und menschliche Nähe, die Kinder vor dem Zubettgehen brauchen, um gut schlafen zu können, ist durch eine Kassette nicht zu ersetzen. Lassen Sie es sich nicht nehmen, Ihrem Kind selbst Gute Nacht zu sagen (s. »Die Viertelstunde vor dem Einschlafen«).

- Kassetten fordern mehr Phantasie als Fernsehen.
- Nur wenn Ihr Kind dem Inhalt folgen kann, wird es sich nicht »berieseln« lassen.
- Eine Möglichkeit, mit Kassetten kreativ umzugehen, sind selbstgemachte Kassettenaufzeichnungen.

Buch- und Kassettenempfehlungen

Im folgenden haben wir aus der Vielzahl von guten Kinderbüchern und -kassetten einige ausgewählt, auf die wir immer wieder zurückgreifen:

Titel	Autor	Verlag
Erste Bücher		
Selecta Spielzeug	Edling	Selecta
Was macht Miffy?	Dick Bruna	Ravensburger
Bei mir zu Haus	Dick Bruna	Ravensburger
Was geschieht hier?	Wolfgang de Haen	Ravensburger
Gute Nacht	Renate Mörtl-Rangnick	Ravensburger
Bei uns zu Haus	Bluemini	Ravensburger
Kleine Tiergeschichten	Anne Grenadine	ars-edition
Welche Farbe ist das, lieber Bär?	Georgia	Ravensburger
Pauls Bilderbuch	Paul Stickland	ars-edition
Mitspielbücher		
Mausi geht ins Bett	Lucy Cousins	Sauerländer
Mausi geht schwimmen	Lucy Cousins	Sauerländer
Mausi im Kindergarten	Lucy Cousins	Sauerländer
Mausi auf dem Spielplatz	Lucy Cousins	Sauerländer
Was kann Hasi schon?	Lucy Cousins	Sauerländer
Die Arche Noah	Lucy Cousins	Sauerländer
Die kleine Spinne spinnt und schweigt	Eric Carle	Gerstenberg

Die kleine Raupe Nimmersatt	Eric Carle	Gerstenberg
Versteckspiel	Arnold Shapiro	Carlsen
Heti und der Fuchs	Mem Fox	Coppenrath
Teddy Tatze hat Geburtstag	Dave King	Coppenrath

Bücher mit wenig Text

Anna Andersrum	Anita Jeram	Sauerländer
Ich will meine Mami	Waddell/Benson	Sauerländer
Kleiner Bär, was nun?	Waddell/Miller	Sauerländer
Klopf an	Anna-Clara Tidholm	Hanser
Vom kleinen Maulwurf, der wissen wollte, wer ihm auf den Kopf gemacht hat	Holzwarth/ Erlbruch	Peter Hammer
Freunde	Helme Heine	Middelhauve
Erste Wörter, Berühmte Bilder	Lucy Micklethwait	ars-edition
Ein gerader Schwanz für Eduard	Jennings/Warnes	Saatkorn
Nisse beim Friseur	O.u.L. Landström	Oetinger
Nisses neue Mütze	O.u.L. Landström	Oetinger
Mein erstes Wörterbuch	Wilkes/Schindler	Duden
Wer fällt runter?	Brian Wildsmith	Pro Juventute
Frederick	Leo Lionni	Middelhauve
Mein erstes Tierbuch	Roger Priddy	Gondrom
Der Regenbogenfisch	Marcus Pfister	Nord-Süd
Ich bin der kleine Löwe	Amrei Fechner	Ravensburger
Ich bin das kleine Kaninchen	Gerda Muller	Ravensburger
Wo die wilden Kerle wohnen	Fendak	Diogenes

Teddy Tim sucht eine neue Wohnung (Weißt du, wie die Tiere wohnen?)	Kleikamp/Rarisch	Menschenkinder
Piep Piep Miau Wau Wau (Weißt du, wie die Tiere sprechen?)	Kleikamp/Rarisch	Menschenkinder
Teddy Tim im Schnee (Was man im Schnee machen kann)	Kleikamp/Rarisch	Menschenkinder
Ach, wie bin ich müde (So schlafen Kinder gerne ein)	Kleikamp/Rarisch	Menschenkinder

Bücher mit mehr Text

Irma hat so große Füße	I. u. D. Schubert	Sauerländer
Neunundzwanzig verrückte Geschichten	Ursula Wölfel	Deutscher Bücherbund
Achtundzwanzig Lachgeschichten	Ursula Wölfel	Deutscher Bücherbund
Siebenundzwanzig Suppengeschichten	Ursula Wölfel	Deutscher Bücherbund
Aufruhr im Gemüsebeet	Sven Nordqvist	Oetinger
Das Dschungelbuch	Jim Razzi	Franz Schneider
Hasenwettlauf, aber ehrlich	Hans Baumann	Thienemann
Oh wie schön ist Panama	Janosch	Beltz und Gelberg

Reine Vorlesebücher

Pippi Langstrumpf	Astrid Lindgren	Oetinger
Der Räuber Hotzenplotz	Otfried Preußler	Thienemann
Die kleine Hexe	Otfried Preußler	Thienemann
Käpt'n Blaubärs Geschichtenbuch	Bernhard Lassahn	Ravensburger
Kleiner König Kalle Wirsch	Tilde Michels	Deutscher Bücherbund
Der satanarchäolügenialkohöllische Wunschpunsch	Michael Ende	Thienemann

Kassetten

Ab 3 Jahre

Der Hase mit der roten Nase	Helme Heine/ Peter Jakobi	DerHörVerlag
Der Regenbogenfisch	Markus Pfister/ Detlev Jöcker	Menschenkinder
Regenbogenfisch, komm hilf mir	Markus Pfister/ Detlev Jöcker	Menschenkinder
1-2-3 im Sauseschritt	Lore Kleikamp/ Detlev Jöcker	Menschenkinder
Lieber Frühling, lieber Sommer	Rolf Kreuzer/ Detlev Jöcker	Menschenkinder
Lieber Herbst, lieber Winter	Rolf Kreuzer/ Detlev Jöcker	Menschenkinder
Si-Sa-Singemaus	Detlev Jöcker	Menschenkinder
Komm, du kleiner Racker	Detlev Jöcker u. A.	Menschenkinder
Bei uns zu Hause tut sich was	Detlev Jöcker	Menschenkinder

Das Krabbelmäuse Liederbuch	Detlev Jöcker	Menschen-kinder

Ab 4 Jahre

Peter und der Wolf	Serge Prokofieff	Deutsche Grammophon
Kleiner Eisbär, kennst du den Weg?	Hans de Beer/ Detlev Jöcker	Menschen-kinder
Wenn das Bärchen Bauchweh hat	Detlev Jöcker u. A.	Menschen-kinder
Denkt Euch nur, der Frosch ist krank	Detlev Jöcker u. A.	Menschen-kinder
Traumpferdreiten oder wo kommen bloß die Babys her?	Ursula Ulrich/ Günther Fischer	Jumbo Neue Medien
Der Zuckerbäcker aus Kalkutta	Kamalesh Maitra	Jumbo Neue Medien

Ab 5 Jahre

Pettersson und Findus	Sven Nordqvist	Deutsche Grammophon
Mile-Male-Mule, ich gehe in die Schule	Lore Kleikamp/ Detlev Jöcker	Menschen-kinder
Die Geschichte von der Schüssel und dem Löffel	Michael Ende	Igel Records
Das Konrädchen bei den Klitzekleinen	Roald Dahl	Igel Records
Norbert Nackendick	Michael Ende	Igel Records
Feder Franz sucht Feder Frieda	Robert Gernhardt	DerHörVerlag
Rennschwein Rudi Rüssel	Uwe Timm	Igel Records

Die Pirateninsel	Uwe Timm	Igel Records
Die Zugmaus	Uwe Timm	Igel Tecords

Ab 6 Jahre

Neue Abenteuer von Eduard Speck	John Saxby	DerHörVerlag
Nils Holgersons wunderbare Reise durch Schweden	Selma Lagerlöf	DerHörVerlag

Ab 8 Jahre

Kindergeschichten	Peter Bichsel	DerHörVerlag
Unten am Fluß	Richard Adams	DerHörVerlag
Matti und der Großvater	Roberto Piumimi	DerHörVerlag

6.6 Das Rollenspiel

Kinder schlüpfen mit großer Vorliebe in andere Rollen. Sie ahmen typische Sprachgewohnheiten und Ausdrucksnuancen nach. So sprechen sie leise und hoch wie ein kleiner Vogel oder kräftig und tief, wenn sie ein Bär sind. Daß dadurch die sprachlichen und stimmlichen Fähigkeiten eines Kindes erweitert werden, liegt auf der Hand. Darüber hinaus kann es sozusagen spielend leicht verschiedene Verhaltensweisen und Gefühle ausprobieren, ohne daß die sonst üblichen Konsequenzen folgen. Es kann gemein, schüchtern, glücklich oder traurig sein und im Gegensatz zum »echten Leben« jeden Moment aussteigen. Die Bedeutung von Rollenspielen kann gar nicht hoch genug eingeschätzt werden.

Besonders reizvoll ist es natürlich, wenn Sie mitspielen

und Ihr Kind Sie dabei ganz anders erlebt als sonst, wenn Sie einmal ängstlich, klein, hinterlistig, raffiniert oder einfach anders als sonst sind.

Die meisten Kinder haben so viele eigene Ideen, daß wir nur aufmerksame Mitspieler sein müssen, um mit Ihnen die unglaublichsten Geschichten zu erleben. Selbstbewußt verteilen sie die Rollen: »Du bist jetzt der Wolf«. Sie genießen, »der Bestimmer« zu sein: »Jetzt bist du tot. Jetzt stehst du wieder auf.« Dabei sprechen auch gerade schüchterne Kinder meist unbefangener und teilen uns so viel über ihre Gedanken mit, daß es sich lohnt, diese Spiele aufzugreifen und auszubauen.

Für Rollenspiele eignen sich Handpuppen besonders gut. Aber auch ein Kuscheltier oder anderes Spielzeug (Schlümpfe, Superman, Turtles, ein Legostein) sind im Moment des Spielens für Kinder so lebendig, daß sie Spiel und Wirklichkeit kaum noch unterscheiden. Ihre Gefühle sind in solchen Spielen ganz echt und stehen im Mittelpunkt.

Es kann aber auch sein, daß Ihr Kind aus dem Rollenspiel plötzlich aussteigt und wieder nur Ihr Kind sein möchte. Es braucht die Rückversicherung, daß noch alles so ist, wie es immer war. Wenn auch Sie aus der Rolle herausgehen und wieder »nur« die Mutter oder der Vater sind, wird Ihr Kind den Schritt in die Phantasiewelt gerne wieder gehen. Gerade gehemmten Kindern gibt das Vertrauen in dieses »Zurückkehren-Können« Sicherheit und Mut, im nächsten Spiel wieder etwas Besonderes auszuprobieren.

Auch wenn Ihr Kind zu Beginn wenig spricht, kann es im Rollenspiel viel erleben, und mit der Zeit wird es herausfinden, wie es sich ausdrücken kann, ob nun mit mehr oder mit weniger Sprache. Die Körpersprache der beteiligten Figuren ist auch Kommunikation und signalisiert, was Ihr Kind sagen möchte. Sie können diese Signale benennen und so Ihrem Kind ein sprachliches Vorbild sein. Das könnte vielleicht so ablaufen:

Ihr Kind läßt ein Krokodil langsam auf Sie zukommen. Sie sagen mit einer kleinen Maus in der Hand und Piepsstimme: »Au weia, da kommt ein Krokodil! Ob das gefährlich ist?« Ihr Kind sagt vielleicht gar nichts, schaut Sie aber belustigt an. Sie äußern: »Oje, ich hab' Angst, was soll ich nur machen?« Ihr Kind antwortet: »Erstetten!« Sie wiederholen: »Ich soll mich verstecken? Au ja, das ist eine gute Idee! Aber wo?« »Hinten Tuhl!« »Hinterm Stuhl? Gut, ich mach mich ganz klein.« »Tomme!« »O nein, es kommt! Hilfe!« »Ahhhhhhhhrrrgh!« »Hilfe, es will mich fressen!« »Du tot!« »Jetzt bin ich tot.« In Ihrer normalen Stimme fügen Sie hinzu: »Das war aber ein starkes Krokodil.« Ihr Kind hat jetzt die Möglichkeit, noch einmal über das Gespielte zu reden.

Sollte Ihr Kind wenig eigene Ideen zu solchen Spielen haben, können Sie ihm als kleine, eher schüchterne Maus Fragen stellen: »Hallo, ist das hier dein Zimmer? Sind hier noch andere Tiere? Wer wohnt denn noch hier? Zeig mir doch mal.«

- Kinder schlüpfen gerne in andere Rollen.
- Im Rollenspiel äußern Kinder ihre Gefühle und probieren verschiedene Verhaltensweisen aus.
- Rollenspiele erleichtern es Kindern, sich unbefangen zu äußern.

6.7 Sprachfördernde Spiele

Viele Eltern fragen sich, ob es ausreicht, wie sie mit ihren Kindern spielen und sprechen oder ob ihre Kinder einer weiteren Förderung bedürfen. Denn in den letzten Jahrzehnten hat die Entwicklungspsychologie betont, daß Intelligenz und Begabung keine festen Größen sind, mit denen der Mensch auf die Welt kommt, sondern daß sie entwickelt werden können. Gerade den Anregungen in den ersten Lebensjahren messen die Psychologen große Bedeutung bei. Das hatte zur Folge, daß die Spielzeugindustrie eine große Anzahl von Vorschulfördermaterial und Lernspielen auf den Markt gebracht hat. Jetzt lernen Kinder die Farben nicht mehr nur im Alltag, sozusagen nebenbei (die Ampel ist rot, die Feuerwehr ist rot), sondern auch durch Farbspiele. Ebenso gibt es Spiele zum Zählen, zum Mengenerfassen, zur Formerkennung, und anderes mehr.

Eine Voraussetzung dafür, daß diese Spiele der Sprachförderung dienen, ist, daß der Gedanke des Spielens im Vordergrund steht und nicht der des Lernens und des Wettbewerbs. Um die Wette zu spielen setzt voraus, daß man auch einmal verlieren kann, ohne den Spaß am Spiel zu verlieren. Das aber ist sehr schwer und will gelernt sein.

Verlieren lernen

Mit Wettspielen, bei denen es um Sieger und Verlierer geht, sind kleinere Kinder meist überfordert. Sie befinden sich in einer Phase, in der sie Spiel und Realität noch nicht so klar trennen können. Sie sind dann eben der »Verlierer« und wissen noch nicht, daß das beim nächsten Spiel schon wieder ganz anders aussehen kann.

Wenn Sie also mit Ihrem Kind Freude am Spiel haben wollen, lassen Sie den Wettspielgedanken erst sehr viel später auftauchen. Dafür ist es oft erforderlich, die dem Spiel beigefügte Spielregel zu verändern.

Ein Beispiel:

Nach der üblichen Spielregel wird ein Würfelspiel beendet, wenn der/die erste »gewonnen« hat. Für ein Kind kann das ein sehr abruptes Spielende sein. Warum also nicht weiterspielen, bis auch der letzte im Ziel angekommen ist?

Auch beim »Verlierenkönnen« orientieren sich Kinder am Verhalten der Eltern. Wenn Kinder erleben, daß den Eltern das Spielen selbst wichtiger ist als das »Gewinnenmüssen«, werden sie wahrscheinlich leichter verlieren lernen.

- Spielen Sie aus Freude am Spiel.
- Bringen Sie den Wettspielgedanken nicht zu früh ein.

Spiele für Ihr Kind anpassen

Die meisten Spiele, die man kaufen kann, haben eine Spielanleitung. Oft sind diese Regeln für Ihr Kind noch zu schwierig, und es verliert dann die Lust am Spiel. Legen Sie daher die Spielanleitung ruhig erst einmal zur Seite. Packen Sie das Spiel gemeinsam aus, und überlegen Sie dabei, was man mit diesem Spielmaterial alles machen könnte. Sie werden wahrscheinlich staunen, auf welche Ideen Sie beide kommen.

Aus der Fülle der im Handel erhältlichen Spiele haben wir einige ausgewählt, an denen wir exemplarisch zeigen wollen:

- wie Sie Spielregeln verändern können, um sie individuell auf Ihr Kind anzupassen
- wie Sie aus einem Spiel viele verschiedene Spiele entwickeln können
- wie Sie mit verschiedenen Spielen die Sprachentwicklung Ihres Kindes fördern können.

»Lottino« (Ravensburger)

Als Einstieg zum Lottospielen ist dieses Spiel sehr zu empfehlen. Es besteht aus Legetafeln mit dazugehörenden Deckkärtchen, auf denen einfache Gegenstände aus dem Alltag dreijähriger Kinder abgebildet sind.

Hier einige Anregungen für den Umgang mit diesem Spiel:

– Beginnen Sie mit nur einer Legetafel und wählen Sie die zugehörigen sechs Kärtchen aus. Ihr Kind kann die Kärtchen, auch ohne zu sprechen, der Legetafel zuordnen.

– Sie können auch abwechselnd ein Kärtchen nehmen, es benennen und suchen, wohin es gehört. Wenn die abgebildeten Gegenstände immer wieder benannt werden, erweitert sich das Sprachverständnis und der Wortschatz Ihres Kindes.

Gehen Sie mit den Karten durch Ihre Wohnung und finden Sie gemeinsam heraus: »Was haben wir auch?«

– Verstecken Sie einige Karten im Kinderzimmer und lassen Sie Ihr Kind nachschauen, welche Karten jetzt auf der Legetafel fehlen, und diese suchen. Danach tauschen Sie die Rollen, und Ihr Kind versteckt die Karten, die Sie dann suchen.

– Mit älteren Kindern können Sie die Karten als Anregung für ein Rätselspiel benutzen.

Nehmen Sie eine Karte so in die Hand, daß Ihr Kind sie nicht sehen kann, und beschreiben Sie: »Auf meiner Karte ist etwas, das ist rund, und damit kann man draußen spielen. Was ist das?« Stellen Sie dabei nach der Beschreibung des Gegenstandes immer wieder die gleiche Frage, denn immer wiederkehrende Formulierungen in einem Spiel helfen Ihrem Kind, sich Sätze einzuprägen. Und es wird vermutlich von alleine versuchen, Ihre Fragen zu imitieren.

»Blinde Kuh« (Ravensburger)

Einfache Gegenstände sind aus Pappe ausgestanzt, so daß die Umrisse erfühlbar sind. Nach der Spielregel setzt man Masken auf und errät beim Abtasten der Umrisse den Gegenstand. Mit diesem Spiel kann man jedoch sehr viel mehr machen:

- Sie können die Pappen aufbewahren, in denen die Karten verpackt waren, und sie wie ein Puzzle verwenden.
- Die Gegenstände und Figuren fordern so zum Spiel heraus, daß Kinder oft, sobald sie die Figuren in der Hand haben, kleine Rollenspiele mit viel Lautmalereien beginnen. Sollten Sie eine andere Spielidee verfolgt haben, versuchen Sie diese fallen zu lassen und gehen Sie auf das Rollenspiel Ihres Kindes ein. Betrachten Sie das nicht als Ablenkung vom Spiel, sondern als großen Fortschritt Ihres Kindes, sich in der freien Rede zu versuchen.
- Sortieren Sie die Figuren und Gegenstände nach verschiedenen Oberbegriffen, z. B.: nach Farben, Tieren, Fahrzeugen.

Bei »Blinde Kuh« wird der Wortschatz Ihres Kindes in direkter Verbindung mit dem Tastsinn erweitert. Abgesehen davon, daß das einfach Spaß macht, ist es für viele Kinder mit Sprachentwicklungsverzögerung eine Hilfe, zusätzlich zum Hören des Wortes den Gegenstand zu sehen und dessen Umrisse abtasten zu können.

»Quips« (Ravensburger)

»Quips« ist ein Spiel zum Erlernen der Farben. Es besteht aus einer Legetafel, farbigen Steinen und zwei Würfeln. Auf dem einen Würfel sind die verschiedenen Grundfarben abgebildet. Der zweite Würfel ist ein Zahlenwürfel, der bis zu 3 Punkte hat.

Spielmöglichkeiten:

- Ordnen Sie zuerst einmal nur Farben zu. Jeder bekommt eine Legetafel und füllt sie mit den farbigen Steinen, bis sie voll ist. Kann Ihr Kind schon die richtigen Farben zuordnen, sollten z. B. alle roten Steine in dem Bereich der Tafel liegen, der rot ist.

– Stecken Sie alle Steine in die dem Spiel beigefügte Hülle. Greifen Sie abwechselnd hinein und holen Sie sich so viele Steine heraus, wie Sie greifen können. Diese Steine werden in die Legetafel eingeordnet. Sollte ein Farbbereich der Tafel schon voll sein, werden die Steine, die man nicht mehr gebrauchen kann, wieder zurück in die Hülle geworfen.

Benennen Sie die Farben immer wieder, während Sie sie zuordnen. Aber verlangen Sie nicht von Ihrem Kind, daß es auch die Farben richtig benennt. Vertrauen Sie darauf, daß Kinder gerne imitieren und auch Ihr Kind eines Tages die Farben richtig benennen kann.

– Benutzen Sie als nächsten Schritt den Farbwürfel. Mit dem Würfel wird entschieden, welchen Stein man in die Legetafel stecken darf. Dabei muß das Spiel nicht unbedingt enden, wenn der/die erste die Tafel voll hat (vgl. »Verlieren lernen«).

– Ist Ihr Kind mit Farben und Zahlen schon sicherer, können Sie Farb- und Zahlenwürfel gleichzeitig benutzen. Es wird dann mit beiden Würfeln gewürfelt und damit entschieden, wie viele Steine von welcher Farbe genommen werden dürfen.

– Mit einem »Aufräumspiel« kann das gemeinsame Spiel lustvoll beendet und gleichzeitig aufgeräumt werden. Dabei würfelt man wieder mit zwei Würfeln und nimmt dann von der Tafel die entsprechende Anzahl Steine der gewürfelten Farbe heraus. Aufräumen der Spiele und Aufbewahrung an einem bestimmten Platz ist sehr zu empfehlen. Nur wenn die Spiele vollständig sind, bleiben alle Spielmöglichkeiten erhalten.

»Mein erstes Quartett« (Ravensburger)
Kartenspiele sind erst für ältere Kinder geeignet. Bereits das Halten der Karten ist für kleine Kinderhände schwierig. Mit zunehmendem Alter aber wird Ihr Kind diese Spiele gerne spielen, vor allem, wenn die ganze Familie dabei zusammen ist.

Beim Kartenspielen muß an einer bestimmten Stelle immer etwas gesagt werden:

»Hast du den ...« oder »Ich möchte von ... den ...« oder ein bißchen ironisch »Hab ich nicht, tut mir leid«.

Hier noch einige weitere Empfehlungen für Spiele, die Sie kaufen können:

»Obstgarten« (Haba)
In diesem Spiel geht es auch um das Kennenlernen verschiedener Obstsorten und ihrer Farben. Es ist besonders als eines der ersten Regelspiele für Kinder geeignet, weil alle Mitspieler gemeinsam gegen den Raben spielen, der das Obst ganz für sich haben möchte. So ist nie ein Kind allein der Verlierer oder der Gewinner. Außerdem läßt sich das sehr ansprechende Material (kleine Körbchen und Holzobst) für Rollenspiele wie Einkaufen usw. nutzen.

Lottospiele (Ravensburger)
Lottino, Tierbabylotto, Bambinolotto: Diese Spiele sind besonders deshalb geeignet, das Sprachverständnis und den Wortschatz zu fördern, weil auf jeder Bildkarte nur eine Abbildung ist. Sie können sie wie oben beschrieben variieren und mit Sätzen wie »Wer hat den ...?« oder »Wo ist der ...?« spielerisch die Satzbildung unterstützen.

»Zwei auf einen Streich« (Ravensburger)
Mit diesem Spiel werden Beobachtungsgabe und Merkfähigkeit gefördert. Mit einem Drehpfeil werden zwei Bilder bestimmt, »Katze« und »Baum«. Nun wird die Bild-

karte gesucht, auf der sowohl die Katze wie auch der Baum abgebildet sind.

»Jeu des 5 sens« (Spiel der 5 Sinne, Nathan)
Auf fünf kleinen Bildkarten sind die fünf Sinne symbolisiert. Auf großen, sehr schönen Fotokarten sind Kinder abgebildet, die gerade etwas mit jeweils einem Sinn erfahren, wie an einer Blume riechen. Da das Bildmaterial sehr eindrucksvoll ist, regt es zum Sprechen an und gibt gleichzeitig Anregungen, die dargestellten Situationen nachzuspielen.

»Wie Tiere groß werden« (Ravensburger)
Das Spiel enthält sieben Bildgeschichten, die zeigen, wie verschiedene Tiere größer werden. Jede Geschichte hat eine eigene Farbe, so daß man das Spiel auch mit einem Farbwürfel spielen kann. Es regt außerdem ein Gespräch darüber an, wie man selber größer geworden ist.

Ganz gleich, für welches der vielen Spiele Sie sich entscheiden, wichtig ist immer:

- Versuchen Sie, die vorgegebenen Spielregeln zu verändern, um das Spiel auf Ihr Kind anzupassen.
- Räumen Sie mit Ihrem Kind die Spiele stets auf, damit kein Teil verloren geht und Ihnen damit alle Spielmöglichkeiten erhalten bleiben.

Sprachfördernde Spiele ohne Material

Neben Spielen, die man kaufen kann, gibt es eine Menge Spiele, für die man gar kein Material braucht. Sie kosten kein Geld, man kann sie immer und überall spielen, und sie können sehr viel Spaß machen. Hier einige Vorschläge:

»Was tue ich?«

Ahmen Sie verschiedene Tätigkeiten nach wie: Kochen, Gehen, Winken, Malen, und lassen Sie Ihr Kind raten. Anschließend tauschen Sie die Rollen: Ihr Kind macht etwas vor und Sie raten. Falls das noch zu schwer ist, übernehmen Sie wieder das Vormachen.

»Wörter sammeln«

Stellen Sie die Frage: »Was kann man alles mit der Hand tun?« Zählen Sie mit Ihrem Kind auf, was Ihnen dazu einfällt: »Mit der Hand kann man essen« oder »Mit der Hand kann man malen«. Wenn Sie dabei immer die gleiche Satzkonstruktion verwenden, kann Ihr Kind »Grammatik speichern«. Kinder haben Freude an Wiederholungen im Spiel, vorausgesetzt, man verdirbt ihnen diese Freude nicht. Verlangen Sie daher nicht ausdrücklich, daß Ihr Kind gleich den ganzen Satz spricht.

Weitere Fragen könnten sein:

– »Was kann man mit der Stimme machen?« (lachen, sprechen, weinen, niesen, singen)

– »Wie kann man sich bewegen?« (gehen, schwimmen, hüpfen, fliegen, schleichen)

Spaß macht es auch, diese Bewegungen dabei alle selbst auszuprobieren.

– »Was ist klein (groß, leise, laut, grün ...)?« Dabei werden Eigenschaftsworter angewendet.

– »Was liegt auf (unter, neben ...) dem Stuhl?« Legen Sie dazu Spielzeug auf bestimmte Plätze.

Der Gebrauch dieser Wörter ist schon etwas schwieriger. Zuerst geht es darum, die sprachliche Bedeutung zu verstehen, bevor das Kind sie selbst in seine Sprache übernimmt.

»Ich sehe was, was du nicht siehst, und das ist rot« (grün, gelb usw.)
Wenn Ihr Kind schon Farben kennt, kann es in diesem Spiel seine Farbkenntnisse auf Gegenstände seiner Umgebung anwenden. Legen Sie nicht zuviel Wert auf das richtige Sprechen dieses langen Satzes.

»Koko sagt alles falsch«
Nehmen Sie eine Handpuppe, ein Kuscheltier oder eine andere Figur und lassen Sie diese lauter falsche Sachen behaupten: »Heute scheint die Sonne«, wenn es regnet, oder »Das ist aber ein großer Bus«, wenn ein Fahrrad vorbeifährt. Gönnen Sie Ihrem Kind die Rolle dessen, der alles erklären kann.

- Spiele fördern dann die Sprache, wenn sie Spaß machen.
- Nicht die Menge der Spiele, die Sie Ihrem Kind zur Verfügung stellen, sondern die Ideen, die Sie gemeinsam dazu entwickeln, sind wichtig.
- Die Wörter und die Sätze, die Sie in Verbindung mit dem Spiel immer wieder verwenden, sind für Ihr Kind sprachliche Anregungen.

6.8 Lieder und Reime

Jede Sprache hat ihren eigenen Klang und Rhythmus. Neben Wörtern, Aussprache und Grammatik lernt ein Kind also auch Betonung, Satzmelodie und Rhythmus seiner Muttersprache. Nur durch eine Veränderung der Satzmelodie können Kinder bereits mit 1½ Jahren aus dem Einwortsatz: »Mama« (»Das ist meine Mama«) eine Frage machen, indem sie die Stimme am Ende des Wortes anheben: »Mama?« («Wo ist meine Mama?«).

Durch das Gefühl für Rhythmus wird die richtige Betonung von Wörtern erlernt: daß es »Auto« heißt und nicht »Autó«. Wie irritierend eine falsche Betonung sein kann, erleben wir, wenn wir mit jemandem sprechen, den wir trotz seiner guten Deutschkenntnisse nur schwer verstehen können, weil er die Wörter falsch betont.

Melodie und Rhythmus der Sprache erfährt das Kind in besonderem Maße, wenn es mit Kinderliedern, Reimen, Singspielen, Abzählreimen in Berührung kommt.

Viele Kinderlieder und Reime sind sehr alt und trotzdem noch lebendig, obwohl man meinen könnte, daß sie in unsere Zeit nicht mehr so recht passen. Welche Wirkung sie auch heute noch haben, erfährt jeder, der ein Kind auf den Schoß nimmt und mit ihm das Singspiel »Hoppe – hoppe Reiter« spielt. Voller Begeisterung bitten die meisten Kinder um Wiederholung – manchmal öfter, als Erwachsene Ausdauer haben –, und mit der Zeit sprechen oder singen die meisten Kinder den Text zunächst bruchstückhaft und dann immer vollständiger mit.

Diese auswendig gelernten Texte lassen sich jedoch nicht ohne weiteres in die Alltagssprache übertragen. Wenn ein Kind singt: »Hänsel und Gretel verliefen sich im Wald«, heißt das noch nicht, daß es einen Satz bilden kann wie: »Gestern verlief ich mich im Wald.«

Es geht also nicht vorrangig um das Auswendiglernen von sprachlichen Einheiten, wenn wir mit Kindern singen oder Reime sprechen. Vielmehr geht es dabei um einen unkomplizierten Umgang mit der Sprache, denn das Hauptaugenmerk liegt nicht auf dem Inhalt, sondern auf Melodie, Rhythmus und Bewegung.

Bei Kindern, die mit Liedern aufwachsen, ist nicht selten ein kreativer Umgang mit Sprache und Melodie zu beobachten. Sie singen manchmal ganze Geschichten, statt sie zu erzählen, und erfinden dabei eigene Melodien.

Wie können Eltern im Alltag den Spracherwerb Ihres Kindes durch spielerischen Umgang mit Rhythmus und

Melodie, die ja Elemente unserer Sprache sind, unterstützen?

Schon Kinder im Alter von einem dreiviertel Jahr können sich für die ersten Fingerspiele begeistern:

Wenn Sie mit zwei Fingern am Arm Ihres Kindes bis zum Ohr hinauf »gehen« und dazu sagen: »Geht ein Mann die Treppe rauf... (Jetzt kitzeln Sie Ihr Kind am Ohr) ...klingelingeling – ist jemand zu Haus?«, passieren für Ihr Kind viele Dinge auf einmal. Ihr Kind kann den Körperkontakt mit Ihnen genießen. Es kann an Ihrer Stimme die steigende Spannung ablesen, es spürt die Bewegung Ihrer Finger bei dem Wort »gehen«, es spürt durch Ihre Hand, was »rauf« bedeutet, es fühlt bei der Lautmalerei »klingelingeling« das Kitzeln am Ohr, ähnlich dem sehr viel feineren Reiz eines Klingelgeräusches. Viele Sinne Ihres Kindes werden angesprochen. Und es hört diesen Vers immer wieder, er wird ihm vertraut, und die Sprache prägt sich ein.

Die in Liedern und Reimen gelernte Sprache wird also nicht einfach in die Alltagssprache übernommen, aber die Erfahrung, daß Sprache Spaß machen kann, daß man mit ihr spielen kann, hilft gerade Kindern mit Sprachproblemen, ihren unbefangenen Umgang mit Sprache beizubehalten, weil dabei die Konzentration auf Rhythmus und Bewegung gerichtet ist und nicht auf Sprache.

Es lohnt sich daher, wenn Sie Lieder, die Sie selbst als Kind gerne gesungen haben, an Ihre Kinder weitergeben. Lassen Sie sich aber auch von Ihrem Kind neue Lieder beibringen, die es außerhalb der Familie, im Kindergarten oder von Freunden, gelernt hat.

Für ältere Kinder gibt es Reimspiele, die motorisch immer höhere Anforderungen stellen, wie: »Himpelchen und Pimpelchen gehen auf den Berg«.

Die meisten Kinder empfinden es als Vergnügen, die schwierigen Bewegungen durch häufige Wiederholungen immer leichter ausführen zu können.

Die Freude an Liedern und Reimen kann sehr schnell vorbei sein, wenn Eltern ihre Kinder damit anderen Erwachsenen »vorführen« und das neuerlernte Nikolauslied der Oma vorgesungen werden muß. Vor anderen Menschen allein zu sprechen oder sogar zu singen ist selbst für Erwachsene oft eine Horrorvorstellung.

Wenn es Ihnen sehr schwer fällt, mit Ihrem Kind zu singen, können Sie auch Kassetten zur Unterstützung einsetzen. Wählen Sie für den Anfang Kassetten mit möglichst einfachen Liedern und einer schlichten Begleitung. Bald werden Sie beide zusammen mit der Kassette singen können und nach einiger Zeit auch ohne Unterstützung. Dabei kann es sein, daß Ihr Kind viel sicherer ist als Sie, die Führung übernimmt und sich freut, wenn Sie mitsingen.

Ein Vorteil von Kassetten ist, daß Sie leicht zu handhaben sind und Ihr Kind relativ schnell auch allein auf sie zurückgreifen kann. Das ersetzt natürlich zu keiner Zeit Ihre Gesellschaft und schon gar nicht das, was beim gemeinsamen Singen erlebt wird.

Gerade weil das Abspielen von Kassetten so einfach ist, besteht die Gefahr, daß Kinder sie zu oft und zu lange hören. Diese akustische Dauerberieselung fördert aber weder die Musikalität noch die Sprachentwicklung. Es führt vielmehr dazu, daß Kinder »abschalten«, um sich vor zu vielen Eindrücken zu schützen.

Wir alle haben Reime und Lieder in unserer Kindheit gelernt, aber viele sind uns nur noch bruchstückhaft verfügbar. Zum Nachschlagen gibt es die verschiedensten Möglichkeiten. Das Angebot reicht vom einfachen Taschenbuch bis zur großen bebilderten Sammlung.

Wir möchten aus der Vielzahl der Angebote nur einige als Beispiele aufführen:

Liederbücher

»Meine ersten Kinderlieder«	Klaus Bliesener	Ravensburger
Leo Spekulatius (Ein Liederbilderbuch)	Krenzer/Rarisch	Menschenkinder
»Das große Liederbuch«	Anne Diekmann/ Willi Gohl Bilder: Tomi Ungerer	Diogenes Verlag
»Lieber Herbst und lieber Winter« (mit CD)	Krenzer/Jöcker	Menschenkinder
Das Krabbelmäuseliederbuch (100 quicklebendige Spiellieder)	Detlev Jöcker	Menschenkinder

Bücher mit Reimen und Fingerspielen

Der neue Daumen Knuddeldick	Singer/ Schirmer	Ravensburger
Sprachspiele für Kinder	Singer/Funke	Ravensburger
Eins, zwei, drei, ritsche, ratsche rei	Susanne Stöcklin-Meier	Ravensburger
Sprechen und Spielen	Susanne Stöcklin-Meier	Ravensburger

- Kinder können durch Lieder und Reime einen spielerischen Umgang mit der Sprache erleben.
- Die Sprache, die ein Kind beim Singen auswendig gelernt hat, kann es nicht ohne weiteres in die Alltagssprache übertragen.
- Die Freude, die Ihr Kind am Singen hat, bleibt am ehesten

erhalten, wenn auch Sie den Spaß daran in den Vordergrund stellen.
- Singen bedeutet, sich zum Ausdruck zu bringen, und gelingt nur schwer auf Kommando.
- Wenn Sie Kassetten zum Mitsingen benutzen, wählen Sie zunächst eine Zusammenstellung von einfachen Liedern.

6.9 Mehrsprachigkeit unterstützen

Meistens erfolgt der Zweit- und Doppelspracherwerb auf ganz natürliche Weise und ohne Probleme. Die Voraussetzungen hierfür wurden bereits im Kapitel 2.3 beschrieben.

Komplikationen können auftreten, wenn die besondere Situation, in der mehrsprachige Kinder aufwachsen, nicht erkannt und beachtet wird.

Im folgenden werden einige Faktoren beschrieben, die zu Komplikationen führen können:

Mit einer Muttersprache, die nicht der Landessprache entspricht, gehört das Kind zu einer Minderheit. Wenn das Kind erlebt, daß diese Minderheit diskriminiert wird, und zwar genau durch die Menschen, deren Sprache es auch lernen soll, kann das dazu führen, daß es weder zu seiner Muttersprache noch zu der Landessprache eine positive Beziehung aufbaut.

Auch die Eltern können zwischen den Sprachen hin- und hergerissen sein. Wenn ihr Gefühl im Widerstreit liegt zwischen dem Heimweh nach ihrem Land und dem Dazugehören-Wollen im neuen Land, können sie weder ihre Muttersprache mit positiven Gefühlen an ihr Kind weitergeben noch die Entwicklung der fremden Sprache aus ganzem Herzen unterstützen.

Das kann dazu führen, daß Eltern in dem Wunsch, ihr Kind möglichst gut zu integrieren, ihre eigene Muttersprache nicht sprechen und die damit verbundene Kultur negativ bewerten. Sie wenden sich damit bewußt von einem entscheidenden Teil ihres Lebens ab. Für die Kinder kann das sehr irritierend sein. Sie spüren, daß es etwas Trennendes zwischen ihnen und ihren Eltern gibt und reagieren darauf eventuell mit Verhaltensauffälligkeiten oder Sprachstörungen.

Die Ansicht, daß das Sprechen der Muttersprache dem Erlernen der Landessprache schadet, ist leider immer noch verbreitet. So wird mehrsprachigen Kindern in manchen deutschsprachigen Kindergärten untersagt, mit anderen Kindern in ihrer Muttersprache zu sprechen. Da der ungestörte Erwerb der Muttersprache aber die Grundvoraussetzung für das Erlernen weiterer Sprachen ist, bewirkt dieses Verbot genau das Gegenteil: Der Erwerb der deutschen Sprache wird erschwert.

Wenn Eltern sogar geraten wird, bevorzugt deutsch mit ihren Kindern zu sprechen, selbst wenn sie diese Sprache nur mangelhaft beherrschen, kommt es zu einer weiteren Belastung für das Kind. Es wird zusätzlich zur Muttersprache quasi mit einer »dritten Sprache« konfrontiert – dem mangelhaften Deutsch der Eltern, – und das sollten die Kinder ja eigentlich nicht lernen. Das kann selbst Kinder, die durchschnittlich sprachbegabt sind, durcheinanderbringen und zu einer Verzögerung des Zweitspracherwerbs führen.

Im folgenden möchten wir Ihnen noch einige Anregungen geben, wie Sie als Eltern konkret die Mehrsprachigkeit Ihres Kindes unterstützen können:

Ganz gleich, mit wie vielen Sprachen Ihr Kind aufwächst: Sprechen Sie mit Ihrem Kind in Ihrer eigenen Muttersprache, denn das ist die »Sprache Ihres Herzens«: In dieser Sprache haben Sie sprechen gelernt, sie ist die Sprache, in der Sie andere am besten verstehen und Ihre eigenen Gefühle am besten ausdrücken können. Außerdem können Sie Ihrem Kind in dieser Sprache ein gutes sprachliches Vorbild sein.

Wenn in Ihrer Familie verschiedene Sprachen gesprochen werden, z. B. vom Vater türkisch und von der Mutter deutsch, so ist es entscheidend, daß jeder in seiner Muttersprache spricht, denn Ihr Kind kann die Sprachen zu Beginn nur in Verbindung mit den Personen unterscheiden. Sollten Sie zwischen den Sprachen hin- und herwechseln, wird Ihr Kind irritiert und sein Spracherwerb unnötig erschwert. Das gilt auch, wenn einer von Ihnen die Sprache des anderen sehr gut spricht.

Können Sie die fremde Sprache nur gebrochen sprechen, wird es für Ihr Kind noch schwerer: Es hört jetzt nicht nur beispielsweise türkisch und deutsch, sondern quasi noch eine dritte Sprache, nämlich ein gebrochenes Deutsch oder ein gebrochenes Türkisch. In dieser gebrochenen Sprache gelten dann die Regeln beider Sprachen ein bißchen und keine richtig. Ihr Kind würde damit wahrscheinlich überfordert sein und die Regeln der beiden angestrebten Sprachen dann nur mangelhaft lernen.

Beim Erwerb der Landessprache können Sie Ihr Kind unterstützen, indem Sie ihm frühen und regelmäßigen Kontakt zu Einheimischen ermöglichen. Das kann damit beginnen, daß Sie mit Ihrem Kind Spielplätze besuchen, auf denen diese Sprache von anderen Kindern gesprochen wird. Es kann damit weitergehen, daß Sie Freundschaften Ihres Kindes mit landessprachlichen Kindern fördern und versuchen, einen Platz in einem Kindergarten zu finden. Sie können die Spiele und Bücher Ihres Kindes zweisprachig auswählen, wenn Ihr Kind sicherer wird und die Sprachen klar trennt.

In den Einrichtungen, die Ihr Kind besucht, können Sie sich dafür einsetzen, daß Ihr Kind mit den anderen Kindern jeweils die gemeinsame Sprache sprechen darf: Wenn Sie z. B. russisch sprechende Eltern sind, die in Deutschland leben, und Ihr Kind in seiner Kindergartengruppe auf ein anderes russisch sprechendes Kind trifft, so ist es für diese beiden Kinder das Natürlichste, sich russisch zu unterhalten. Beide werden genug Gelegenheit haben, mit den landessprachlichen Kindern deutsch zu sprechen.

Kinder entscheiden selbständig, welche Sprache sie mit wem sprechen. Lassen Sie sich nicht irritieren, wenn Ihr Kind sich vorerst nur für eine Sprache entscheidet, z. B. für die Landessprache, obwohl Sie es in zwei Sprachen erzogen haben.

Ihr Kind hat Gründe für seine Entscheidung und kann später leicht auf die andere, ebenfalls vertraute Sprache zurückgreifen.

Das Trennen der Sprachen geht so weit, daß manche Kinder uns in ihrer Klarheit überraschen: Sie sprechen z. B. mit ihren türkischen, in Deutschland lebenden Eltern nur noch deutsch. Kommen aber die Großeltern aus der Türkei zu Besuch, sprechen die Kinder mit ihnen bereits am Flughafen konsequent türkisch.

Sie können viel für die sprachliche Förderung Ihres Kindes tun, wenn Sie mit den anderen Bezugspersonen Ihres Kindes über die besonderen Schwierigkeiten bei dem Erwerb mehrerer Sprachen sprechen. Je konsequenter und einheitlicher sich die Umgebung Ihres Kindes verhält, desto einfacher ist es für Ihr Kind.

Auch mit Ihrem Kind können Sie über die verschiedenen Sprachen sprechen. Je gleichwertiger Ihr Kind die beiden oder mehrere Sprachen erlebt, desto unbeschwerter kann es die damit verbundenen Kulturen in sich vereinen.

- Sprechen Sie mit Ihrem Kind in Ihrer eigenen Muttersprache. Ist die Muttersprache nur mangelhaft erlernt worden, kann auch die nächste Sprache meist nur mangelhaft erworben werden.

- Ermöglichen Sie Ihrem mehrsprachig aufwachsenden Kind frühen und regelmäßigen Kontakt zu Kindern, die die Landessprache sprechen.
- Setzen Sie sich dafür ein, daß Ihr Kind überall die Sprache sprechen darf, die es mit dem jeweiligen Gesprächspartner gemeinsam hat.

7

Auch das fördert die Sprachentwicklung

7.1 Hören und Unterscheiden

Hören, Erkennen, Unterscheiden und Nachmachen von Geräuschen und Klängen sind wichtige Voraussetzungen für das Sprechenlernen.

Wie schwer das ist, merken wir Erwachsenen oft nicht mehr. Sie können selbst ausprobieren, wie schwierig das Unterscheiden von Sprachlauten sein kann. Verdecken Sie Ihren Mund mit der Hand, damit Ihre Mundstellung nicht gesehen werden kann, und sagen Sie zu jemandem »fff« oder »sss«. Lassen Sie sich dann sagen, welcher Laut es war.

Die Fähigkeit Ihres Kindes, Klänge und Geräusche zu hören und zu unterscheiden, können Sie mit bestimmten Spielen fördern. Sie können diese Spiele sowohl mit Ihrem Kind allein spielen als auch seine Freunde mit einbeziehen, indem Sie auf einem Kindergeburtstag eines der wohlbekannten Gesellschaftsspiele einmal durch ein interessantes »Hörspiel« ersetzen:

Geräusche selber erzeugen

Mit der eigenen Stimme spielen

In eine Gießkanne sprechen (durch einen Schlauch, in einen Topf).

Wie klingt die eigene Stimme im Flur und im Bad, und wie im Wohnzimmer?

Die Stimme auf Kassette aufnehmen oder durch das Telefon sprechen.

Wie klingt laut oder leise, hoch oder tief?

Indianergejohle mit der Hand vor dem Mund produzieren, Tiere nachahmen.

Mit Wasser Geräusche machen

Mit Wasser plantschen. Wellen machen. Murmeln, Schiffe, kleine Bälle oder Seife ins Badewasser fallen lassen. Mit dem Mund unter Wasser blubbern. Mit einem Strohhalm Seifenwasser pusten.

Trommelaktion

In mehrere Gläser unterschiedlichliche Mengen Wasser füllen, dann mit einem Teelöffel daran klopfen und »Musik« machen.

Verschiedene Gegenstände aussuchen, wie Büchsen (voll oder leer), Töpfe, Plastikschüsseln, Eimer, Gießkannen. Mit verschiedenen Löffeln daraufschlagen.

Mit Luft Geräusche erzeugen

Verschiedene Pfeifen, Tröten, Flöten, Papprröhren ausprobieren.

Geräusche und Klänge suchen

Tiere verstecken
Verstecken spielen und z. B. aus dem Versteck »Miau«-Laute geben.

Der versteckte Wecker
Laut oder leise tickenden Wecker (Spieluhr) im Raum verstecken.

Wo war das?
Alle sitzen im Kreis mit verbundenen Augen. Ein Kind geht irgendwohin im Raum umher und klopft mit einem Löffel auf einen Topf. Die anderen Kinder müssen in die Richtung zeigen, woher das Geräusch kam.

Wo tickt es?
Alle Kinder stehen in einer Reihe. Eines der Kind hält einen Wecker in der Hand. Ein anderes Kind wird mit verbundenen Augen an der Reihe entlang geführt und versucht, durch genaues Hinhören das Kind mit dem Wecker zu finden.

Geräuschememory
Dazu benötigen Sie zehn kleine Dosen mit Deckel oder die inneren Plastikteile von Überraschungseiern. Füllen Sie jeweils zwei mit dem gleichen Inhalt. Lassen Sie ruhig auch zwei leer. Füllen Sie in die Überraschungseier Reis, Glasmurmeln, Erbsen, Sand. Kleben Sie unbedingt die beiden Eierhälften mit Tesafilm zu, denn Ihr Kind soll die Dosen schütteln, um die gleichklingenden Paare herauszufinden. Je ähnlicher die verschiedenen Geräusche sind, desto schwieriger ist das Spiel.

Geräuschetopfschlagen

Ein Kind bekommt die Augen verbunden, ein Topf wird versteckt und darauf geschlagen. Das Kind mit den verbundenen Augen darf den Topf suchen.

Erraten von Geräuschen

Geräuscheraten I

Der Spielleiter steht verdeckt, hinter einem umgekippten oder mit einer Decke behängten Kindertisch oder einem Kasperletheater. Er erzeugt verschiedene Geräusche. Alle Kinder raten, wie er dieses Geräusch gemacht hat.

Geräusche können erzeugt werden mit Trommeln, Spieldosen, Babyrasseln, Kochlöffel mit Topf, Seidenpapier zum Knistern, Schlüsselbund zum Klappern, Glöckchen usw.

Geräuscheraten II

Dieses Spiel ähnelt dem ersten Spiel. Nur sollen jetzt Geräusche erraten werden, von denen immer mehrere durch die gleiche Tätigkeit, aber mit verschiedenen Gegenständen erzeugt werden. Wie raschelt Packpapier, wie raschelt Stoff? Zum Rascheln eignen sich Packpapier, Seidenpapier, Stoff, Alufolie, Klarsichtfolie, Styroporflocken. Zum Klopfen sind Töpfe, leere Waschmittelschachteln, Tassen, Gläser oder der Fußboden geeignet.

Geräuscheraten III

Alle Kinder sitzen im Kreis, und jedes hat ein kleines Instrument vor sich liegen: Glöckchen, Triangel, Trommel, Flöte, Pfeife, Rassel. Ein Kind sitzt mit verbundenen Augen in der Mitte. Nun schlägt ein Kind aus dem Kreis ein Instrument an, und das Kind in der Mitte muß raten, was das war.

Stimmen erraten
Alle Kinder sprechen oder singen etwas, das Sie auf eine Kassette aufnehmen. Nachdem man vereinbart hat, wessen Stimme gesucht werden soll, wird jetzt die Kassette abgehört.

Loto sonor (Nathan)
Dieses Spiel ist im Nathan Verlag erschienen. Es enthält eine Tonkassette mit vielen Klangbeispielen und die entsprechenden Bilder, die den Geräuschen zugeordnet werden sollen.

Schuhparade
Es gibt unterschiedliche Fußbekleidung zur Auswahl: Sandalen, Stöckelschuhe, Sportschuhe, Socken, Holzschuhe, Schaumgummilatschen. Ein Kind darf sich Schuhe aussuchen, sie anziehen und damit herumlaufen. Die anderen versuchen, mit geschlossenen Augen die Schuhe am Geräusch zu erkennen.

Ballparade
Die Kinder probieren verschiedene Bälle aus und hören, was diese für ein Geräusch machen, wenn sie auf den Boden treffen. Dann drehen sie sich um und versuchen, einen auf den Boden geprellten Ball am Klang zu erkennen.

Indianerlauschen
Man bewegt sich unterschiedlich fort: laufend, schleichend, trampelnd, krabbelnd, hüpfend. Ein Kind darf diese Bewegung machen, die anderen raten mit geschlossenen Augen.

»Hänschen piep einmal«
Alle Kinder sitzen im Kreis, nur eines bekommt die Augen verbunden. Es geht im Kreis umher, setzt sich auf den Schoß eines Kindes und sagt: »Hänschen piep einmal«.

Der oder die Befragte antwortet mit verstellter Stimme: »Piep!«. Nun muß das Kind mit den verbundenen Augen raten, auf wessen Schoß es sitzt. Hat es richtig geraten und ein Kind erkannt, darf dieses als nächstes dran sein.

Muschellauschen
Das Rauschen in verschiedenen Muscheln vergleichen.

Geräusche sichtbar machen

Bunte Töne
Die Kinder haben ein Blatt Papier vor sich und einen Finger kräftig in Fingerfarbe getaucht. Sie erzeugen einen Ton, und die Kinder sollen nun so lange mit dem Finger auf ihrem Blatt herumfahren, wie sie den Ton hören. So kann man Töne sichtbar machen. Je länger der Ton, desto länger wird auch die Linie auf dem Papier.

Sitzen oder stehenbleiben
Lassen Sie Ihr Kind oder noch besser eine Kindergruppe im Raum herumgehen. Vereinbaren Sie vorher: »Wenn ich auf die Trommel schlage, setzt Ihr Euch schnell auf den Boden, wenn ich mit dem Glöckchen klingel, bleibt Ihr sofort stehen.«

Variieren Sie die Bewegungen: zu einem bestimmten Punkt in die Ecke laufen, auf den Boden legen, auf einem Bein stehen, eine Rolle machen, aus dem Fenster rufen. Die Grundidee bleibt immer die gleiche: Auf ein bestimmtes Geräusch erfolgt eine vorher vereinbarte Bewegung des Körpers.

Hoch und tief
Um das zu spielen, müssen die Kinder bereits Tonhöhen genauer unterscheiden können. Lassen Sie die Kinder im

Raum herumgehen und spielen Sie abwechselnd hohe oder tiefe Töne. Bei hohen Tönen gehen alle auf Zehenspitzen, bei tiefen wird auf allen Vieren gekrabbelt.

Laut und leise

Spielen Sie auf einer Trommel: Entweder laut oder leise. Genauso sollen die Kinder gehen, also entweder laut trampeln oder leise schleichen. Wichtig: Kinder gehen in einem schnelleren Tempo als Erwachsene. Lassen Sie die Kinder erst einmal laufen, ohne daß Sie trommeln, und nehmen Sie dann dieses Tempo auf.

Gehen, solange etwas klingt

Alle Kinder gehen zu einer Musik im Zimmer herum. Setzt die Musik aus, bleibt man möglichst sofort stehen und geht erst weiter, wenn die Musik wieder einsetzt. Wenn Sie selbst kein Instrument spielen, können Sie das Radio oder den CD-Player benutzen.

Rette sich, wer kann

Markieren Sie mit Tesakrepp oder Zeitungspapier so viele kleine Inseln, wie es Mitspieler gibt. Ertönt Musik, rennen die Kinder im Raum herum. Sobald die Musik aufhört, rettet sich jedes Kind auf eine Insel. Bei älteren Kindern kann man nach jeder Musikpause jeweils eine Insel wegnehmen, so daß bei jeder Runde ein Kind ausscheidet.

Reise nach Jerusalem

Wird ähnlich wie das vorige Spiel gespielt. Diesmal werden Stühle mit der Stuhllehne aneinandergestellt. Es gibt einen Stuhl weniger, als Kinder mitspielen. Sobald die Musik spielt, laufen die Kinder um die Stühle herum. Hört die Musik auf, setzt sich jedes Kind auf einen Stuhl. Wer keinen Stuhl gefunden hat, scheidet aus.

7.2 Sehen und Erkennen

Vierjährige Kinder haben eine gut entwickelte visuelle Unterscheidungsfähigkeit und sind weitgehend in der Lage, ihre Wahrnehmungen auch sprachlich zum Ausdruck zu bringen. So unterscheiden sie Autotypen, Vogelarten oder Blumensorten. Allerdings fällt es nicht allen Kindern leicht, sich mit Formen, Farben und Mengen auszukennen.

Es gibt viele Möglichkeiten, wie Sie im Alltag die visuellen Fähigkeiten Ihres Kindes verbessern können. Bei allen Spielen zur visuellen Unterscheidungsfähigkeit geht es sozusagen nebenbei auch um die Erweiterung des Wortschatzes und des Sprachverständnisses. Hier einige Vorschläge:

In Alltagssituationen

An- und ausziehen

Lassen Sie Ihr Kind sich so oft wie möglich allein anziehen. Dabei wird es immer sicherer unterscheiden: Was ist bei der Hose (Pullover) vorne oder hinten? Beim Schuheanziehen wird Ihr Kind sicherer, den richtigen Schuh für den richtigen Fuß zu finden.

Tischdecken

Decken Sie gemeinsam den Tisch und sagen Sie zu Ihrem Kind: »Heute sind wir vier Personen zum Essen. Es gibt Kartoffeln, Fleisch und Gemüse.« Lassen Sie Ihr Kind alles allein zusammensuchen und auf den Tisch stellen, was Sie zu diesem Essen brauchen. Greifen Sie nicht gleich ein, wenn Sie merken, daß etwas fehlt. Spätestens wenn Sie am Tisch sitzen, wird Ihr Kind es auch bemerken und das Fehlende noch ergänzen.

Wer findet's?
Spielen Sie bei einem Spaziergang: »Wer findet den kleinsten Stein?« (Oder das größte Blatt, verschiedene Gräser.)

Auf Spurensuche
Bei einem Spaziergang läuft einer voraus, versteckt sich und zieht Spuren mit einem Stock, und der andere muß ihn suchen. Sie können auch Schatzsuche spielen. Dabei wird ein Schatz versteckt und eine Spur dahin gelegt, mit Kreidestrichen, kleinen Papierschnipseln oder Ästen.

Selbstgemachte Spiele

Sherlock Holmes
Sie können Ihr Kind ausprobieren lassen, wie anders Dinge aussehen, wenn man sie durch eine Lupe betrachtet.

Lassen Sie Ihr Kind mit einem Fernglas verschiedene Dinge entdecken, oder drehen Sie das Fernglas einmal um und gehen Sie damit durch das Zimmer.

Spiegelbild
Grimassen oder Gesten vor dem Spiegel nachahmen.

Sandmalen
Auf ein mit Vogelsand gefülltes Tablett können Bilder gemalt werden, die nach kurzem Schütteln wieder verschwinden.

Knöpfe suchen
Dafür benötigen Sie viele verschiedene Knöpfe. Entweder wird ein bestimmter Knopf gesucht, den man beschreibt: »Ich suche einen Knopf, der ist weiß, hat zwei Löcher und am Rand Zacken« (sehr schwer!), oder man legt einen Knopf heraus und sucht einen gleich aussehenden.

Edelsteine sortieren

Halbedelsteine kann man säckchenweise kaufen. Es kann viel Spaß machen, sie nach Farbe, Größe oder Form zu sortieren. Schwerer ist das, wenn man die Edelsteine nur mit einer Pinzette bewegen darf.

Schätze sammeln

Dabei werden gleiche Dinge in jeweils einer Kiste gesammelt: verschiedene Steine, Muscheln, Federn, Nudeln.

Ich sehe was, was du nicht siehst

»Ich sehe was, was du nicht siehst, und das ist rot« (rund, viereckig, aus Holz, aus Papier...).

Mit diesem Satz beschreibt ein Mitspieler einen sichtbaren Gegenstand, ohne auf ihn zu schauen oder zu zeigen. Der andere muß ihn erraten.

Pantomimen

Berufe raten: Bei diesem Spiel denkt man sich einen Beruf aus und stellt ihn pantomimisch dar. Die anderen Kinder raten.

Tätigkeiten raten: Statt eines Berufes denkt man sich eine Tätigkeit aus, die man darstellen muß.

Tiere raten: Tiere werden pantomimisch dargestellt.

Was hat sich verändert?

Ein Kind wird aus dem Raum geschickt. An der Kleidung eines Mitspielers wird etwas verändert: eine Jacke ausgezogen, ein Tuch umgebunden, die Schuhe werden verdreht. Oder der Raum wird verändert: ein Wecker versteckt, eine Blumenvase auf einen anderen Platz gestellt, eine Tischdecke abgenommen. Wird das Kind wieder hereingerufen, soll es herausfinden, was sich verändert hat.

Spiele, die Sie kaufen können

Tempo, kleine Schnecke (Ravensburger)
Dieses Spiel ist als eines der ersten Brettspiele sehr geeignet, weil es eine leichte Aufgabe stellt, die in relativ kurzer Zeit bewältigt werden kann. Die Kinder würfeln mit einem Farbwürfel, um herauszubekommen, welche der Schnecken weiterlaufen darf. Dabei müssen die Kinder die Farben nur zuordnen, das Benennen geschieht spielerisch nebenbei.

Dominospiele
Es gibt viele verschiedene Dominospiele: Dabei werden Bildkarten mit jeweils zwei Bildern so aneinandergelegt, daß immer die gleichen Bilder aneinanderstoßen.

Symmetrix (Ravensburger)
Dieses Spiel stellt bereits recht hohe Anforderungen an die visuelle Unterscheidungsfähigkeit. Es wird wie ein Lotto gespielt. Die auf den Legetafeln abgebildeten Gegenstände sind immer nur zur Hälfte zu sehen. Die andere Hälfte ist auf Bildkarten abgebildet und soll zugeordnet werden.

Loto – scènes (Nathan)
Dieses Spiel verlangt genaues Beobachten und logisches Denken und fördert das Sprachverständnis und den Wortschatz. Auf sechs große Legetafeln wird jeweils ein Bild zu einem bestimmten Thema wie Fasching oder Jahrmarkt gelegt. Jedem Thema werden kleine Bildkärtchen zugeordnet.

Mini-Lück
Das Lückkastensystem wurde entwickelt, damit Kinder selbständig lernen können. Es ist für Kinder ab etwa vier Jahren geeignet.

Es besteht aus einem Kasten mit Legetäfelchen und Heften mit verschiedenen Aufgaben. Das Kind löst eine Aufgabe, indem es die Legetäfelchen in einer bestimmten Weise anordnet. Dabei entsteht ein Muster. Stimmt dieses mit dem im Heft angegebenen überein, so weiß das Kind, daß die Lösung richtig ist.

Eine gute visuelle Unterscheidungsfähigkeit wird also einerseits vorausgesetzt und anderseits gefördert. Als Einstieg eignen sich die Hefte mit folgenden Titeln:

Figuren und Formen, Teddy und Mausi, Das macht mir Spaß, Lernspaß ab vier Jahren 1 und 2.

Differix (Ravensburger)

Auf einer Legetafel ist das gleiche Bild mehrmals zu sehen. Auf den ersten Blick sehen alle Bilder gleich aus. Bei genauerem Hinsehen sind jedoch kleine Abweichungen zu entdecken. Zu jedem Bild gibt es eine kleine Bildkarte, die richtig zugeordnet werden soll. Mit Hilfe einer Plastikfolie kann das Kind feststellen, ob alle Kärtchen richtig liegen.

Puzzle

Zu Beginn puzzeln Kinder vor allem mit Hilfe ihres Tastsinns. Sie probieren so lange ein Teil aus, bis es paßt. Mit der Zeit überwiegt die visuelle Wahrnehmung. Sie vergleichen die Umrisse und plazieren immer zielsicherer die richtigen Teile an der richtigen Stelle.

Auf den meisten Puzzles stehen mittlerweile Angaben über die empfohlene Altersstufe. Beginnen Sie mit Puzzles, die nur wenige Teile haben, und nehmen Sie ein neues erst dann hinzu, wenn das alte Ihrem Kind wirklich vertraut ist.

7.3 Bewegen und Entdecken

Früher hat man Babys in dicke Moltontücher eingewickelt, um sie zu wärmen, aber dadurch ihre Bewegungsfreiheit eingeschränkt. Heute wissen wir, wie wichtig es ist, daß sich bereits Neugeborene bewegen dürfen, damit sie ihre Bewegungsfähigkeit entwickeln können.

Mit der Weiterentwicklung seiner Bewegung löst sich ein Kind immer mehr von seiner Mutter. Es entdeckt seine Umwelt und lernt dabei neue Gegenstände kennen, indem es diese anfaßt, in den Mund steckt, an ihnen riecht oder ihre Funktion ausprobiert. Diese sinnlichen Erfahrungen machen Kindern viel Spaß, motivieren sie, immer neue Dinge zu entdecken, und fördern dadurch ihre Bewegungsfreude.

Die Entwicklung der Grobmotorik ist die Grundlage für alle späteren feinmotorischen Entwicklungen und damit auch eine Voraussetzung für die Entwicklung der Sprechbewegungen.

Im folgenden geben wir einige Beispiele, wie Sie die Bewegungsfreude Ihres Kindes unterstützen können.

Bewegungsmöglichkeiten im Alltag

Wenn Sie Ihr Baby in einem Tuch tragen, geben Sie ihm viel von Ihrer Wärme und lassen es an Ihren Bewegungen teilhaben. Legen oder setzen Sie es aber auch immer wieder einmal hin, damit es genügend Möglichkeiten hat, sich selbst zu bewegen.

Ist Ihr Kind schon etwas größer und kann schon laufen und klettern, lassen Sie es möglichst viele Dinge ausprobieren. Auf dem Spielplatz will es vielleicht auf einer Mauer balancieren oder auch auf einen querliegenden dicken Baumstamm klettern. Kinder sind sehr geschickt und verletzen sich seltener, als Eltern oft denken. Nutzen Sie Gelegenheiten, kurze Wege zu Fuß zurückzulegen. Das wird Sie anfangs etwas mehr Zeit kosten, Ihrem Kind jedoch Bewegung verschaffen. Mit der Zeit bekommt es auch Durchhaltevermögen für längere Strecken.

Bewegungsspiele im Freien

Fangen, Verstecken

Dritten abschlagen

Die Kinder stehen in einer Reihe, halten ihren gestreckten Arm mit der flachen Hand nach vorne. Einer geht reihum und schlägt mit seiner Hand jeweils auf die Hand eines Mitspielers. Bei dem ersten Schlag zählt er »eins«, bei dem nächsten »zwei«, dann »drei«. Bei »drei« muß er ganz schnell weglaufen, und der als dritter Abgeschlagene muß versuchen, ihn zu fangen.

Fischer, Fischer, welche Fahne weht heute

Kindergruppe und Spielleiter stehen sich gegenüber. Die Kindergruppe ruft: »Fischer, Fischer, welche Fahne weht heute?« Antwortet der Fischer: »Blau«, müssen die Kinder die blaue Farbe an ihrer Kleidung entdecken und dem Fischer zeigen. Dann können sie sicher zur anderen Seite laufen. Die Kinder, die keine blaue Farbe haben, müssen rennen und versuchen, sich nicht fangen zu lassen. Werden sie doch gefangen, so müssen sie bei der nächsten Runde dem Fischer helfen, die anderen Kinder zu fangen.

Verschiedene Hüpfspiele

Es gibt eine Vielzahl von Hüpfspielen. Die Grundidee dabei ist immer, eine aufgemalte Strecke hüpfend zu passieren, ohne dabei auf einen Strich zu treten. Diese Strecken bestehen meist aus aneinandergehängten Zahlenfeldern.

Es gibt bei diesen Hüpfspielen noch eingebaute Erschwernisse, wie das vorherige Werfen eines kleinen Steines in ein solches Feld. Dieses Zahlenfeld darf man dann nicht betreten, sondern muß in dem Feld davor auf einem Bein stehen bleiben, zunächst den Stein aufheben und darf dann erst über dieses Zahlenfeld springen.

Drehmühle

Zwei Kinder stehen sich gegenüber und fassen sich mit den Armen überkreuz an. Sie strecken ihre Arme aus und drehen sich dann. Dabei sagen sie folgenden Spruch: »Erst die Mühle, dann die Stühle, dann der Blitz und dann geht's fix.«

Schleuderfiguren

Ein Kind dreht ein anderes so, wie in der Drehmühle beschrieben. Dann läßt es los, und das geschleuderte Kind muß in der Bewegung innehalten und starr stehenbleiben.

Tipp-Topp

Auf diese Weise kann man eine Mannschaft wählen oder entscheiden, wer der erste bei einer Aktivität sein darf. Zwei Kinder stehen sich im Abstand von ungefähr drei Metern gegenüber. Nun gehen sie aufeinander zu. Dabei setzen sie einen Fuß direkt vor den anderen; die Ferse des einen Fußes berührt also die Zehen des anderen Fußes. Nach jedem Schritt »Tipp« ist das andere Kind mit einem Schritt »Topp« an der Reihe. Das Kind, das zuletzt seinen Fuß vollständig in die Lücke setzen kann, ist der Gewinner.

Bewegungsspiele am Tisch

Kommando Pimperle

Alle Kinder sitzen um einen Tisch, und es gibt einen Spielleiter, der die Kommandos gibt: »Kommando pimperle« (die gestreckten Zeigefinger beider Hände klopfen auf die Tischkante), »Kommando flach« (die flachen Hände klopfen auf den Tisch), »Kommando hohl« (die hohlen Hände klopfen auf den Tisch), »Kommando Faust« (beide Fäuste klopfen auf denTisch). Es wird so lange geklopft, bis das nächste Kommando gegeben wird. Wenn der Spielleiter bei seinen Befehlen das Wort »Kommando« wegläßt und nur »flach« sagt, führt er zwar die Bewegung aus, aber die übrigen Kinder dürfen sie nicht mitmachen, sondern bleiben bei der vorherigen Bewegung. Der Wechsel der Bewegung bei den Mitspielern geschieht also nur, wenn das Wort »Kommando« vorweg gesagt wird wie: »Kommando flach«.

Alle Vögel fliegen hoch

Es gibt wieder einen Spielleiter, der die Kommandos sagt: »Alle Tauben fliegen hoch«, »Alle Flugzeuge fliegen hoch«, »Alle Esel fliegen hoch«. Alle anderen und auch der Spielleiter trommeln mit den Zeigefingern auf die Tischkante. Bei jedem neuen Satz, den der Spielleiter sagt, hört er auf zu trommeln und reißt schnell die Arme in die Luft. Die übrigen Mitspieler müssen sehr aufpassen, denn sie dürfen nur die Arme in die Luft schnellen lassen, wenn der genannte Gegenstand wirklich fliegen kann.

Ich hab' gefischt

Alle Kinder sitzen um einen Tisch und legen ihre flachen Hände in die Mitte des Tisches. Der Spielleiter nimmt seine Hand und kreist über den anderen Händen, ohne sie zu berühren, und sagt dabei: »Ich hab' gefischt, ich hab' gefischt, ich hab' die ganze Nacht gefischt und keinen Fisch erwischt. Nur dich.« Und dabei schlägt er mit der Hand auf die eines Mitspielers. Die Mitspieler dürfen bei dem letzten Wort »dich« ihre Hände wegziehen. Sind sie nicht schnell genug, und der Spielleiter trifft eine Hand, so ist dieser Spieler als nächstes an der Reihe. Trifft er jedoch nicht, ist er selbst noch einmal dran.

Die Reise nach Amerika

Alle Hände liegen flach auf dem Tisch. Der Spielleiter macht eine Faust, mit nach oben gerichtetem Daumen. Diese Faust klopft reihum im Rhythmus auf die flachen Hände. Dabei wird gesungen: »Wir fahren nach Amerika, und wer fährt mit? Die Katze mit dem langen Schwanz, und die fährt mit«. Die Hand, die bei dem letzten Wort »mit« getroffen wird, muß mit ihrer Faust den Daumen des Spielleiters umfassen und wiederum ihren Daumen nach oben strecken, so daß dann der nächste Mitspieler zupacken kann. Diese »Reise« geht so lange weiter, bis alle Fäuste zu einem hohen Turm übereinander sind und alle miteinander diese rhythmischen Bewegungen machen.

Singspiele mit Bewegung

- Häschen hüpf
- Ringel-ringel Reihe
- Zipfelmütz
- Zeigt her eure Füße
- Wer will fleißige Handwerker sehn
- Ziehe durch
- Machet auf das Tor

Diese und andere Singspiele finden Sie in den im Kapitel 6.5 empfohlenen Büchern.

7.4 Tasten und Greifen

Kinder begreifen ihre Umwelt, indem sie »begreifen« (vgl.Kapitel 2.2). Sie nehmen alles in die Hand, was sie erreichen können. Wenn sich ihr Bewegungsradius vergrößert, weil sie sich selbständig fortbewegen können, kommt für die Eltern eine anstrengende Zeit, die Geduld erfordert und Nerven kostet.

Keine Tischdecke ist vor dem Zugriff der Kinder sicher und kein Glas, das unbeobachtet auf dem Tisch steht. Einkaufen im Supermarkt, mit den vielen attraktiven Gegenständen in erreichbarer Höhe, ist für Eltern oft nur unter größter Anspannung zu erledigen. Sie sind ständig damit beschäftigt, Dinge wegzuräumen und »nein« zu sagen.

Die Eltern können aber auch dem Bedürfnis des Kindes nach »Begreifen« entgegenkommen und ihm beim Einkaufen irgend etwas, das sie einkaufen wollen, in die Hand geben. Über den Tastsinn kann das Kind wichtige Informationen über die Gegenstände sammeln und sich so neue Begriffe leichter merken.

Die Förderung des Tastsinns ist also auch eine Möglichkeit, den Spracherwerb Ihres Kindes zu unterstützen. Hier einige Vorschläge, wie man ihn im Alltag anregen kann:

In Alltagssituationen

Bei alltäglichen Erledigungen kann Ihr Kind – entsprechend seinem Können – bestimmte Aufgaben übernehmen: irgend etwas tragen, Tisch decken, Geschirr abwaschen, beim Saubermachen helfen, Kuchenteig rühren, Plätzchenteig kneten und mit Förmchen ausstechen.

Knete, Ton, Fingerfarben oder Kleister

Beim Spiel mit Knete, Ton, Fingerfarben oder Kleister

können die unterschiedlichen Beschaffenheiten der Materialien gespürt werden.

Für die Kleisterbilder benötigen Sie Tapetenkleister, der wasserlöslich und sehr viel billiger ist als andere Klebstoffe. Sie können mit den Fingern oder mit Pinseln ein Blatt damit bestreichen und anschließend bunte Papierschnipsel darauf kleben. Dabei muß nicht unbedingt ein bestimmtes Bild entstehen.

Wasser und Sand

Mit Wasser zu spielen macht den meisten Kindern Spaß. Geben Sie Ihrem Kind viel Gelegenheit, damit zu spielen, sowohl in der Wohnung (Badewanne, Waschbecken) als auch draußen (Spielplätze, Schwimmbad, Strand). Haben Kinder genug Zeit, so sind der Phantasie keine Grenzen gesetzt.

Im Sommer ist es besonders schön, wenn Ihr Kind mit der Haut seines ganzen Körpers Wasser und Sand spüren kann (Arme oder Beine eingraben, Abdrücke des Körpers im Sand machen, sich mit nasser Haut im Sand wälzen).

Die Füße spüren

Unsere Fußsohlen sind sehr empfindlich. Die meiste Zeit über schützen wir sie mit Strümpfen und Schuhen. Da an verschiedenen Stellen der Fußsohlen unser ganzer Körper repräsentiert ist, macht Ihr Kind eine Ganzkörpererfahrung, wenn es barfuß über irgend etwas läuft:

- auf einem Seil barfuß entlang balancieren
- die kleinen Plastikchips des Flohspiels auf dem Teppich verteilen und barfuß und mit geschlossenen Augen die Flohhopse mit den Füßen finden.

Rückenmalen

Malen Sie Ihrem Kind mit einem Finger irgend etwas auf den Rücken: ein Haus, eine Sonne oder ein Gesicht, und lassen Sie es raten, was Sie gemalt haben. Dann sind Sie an der Reihe, und Ihr Kind malt irgend etwas auf Ihren Rücken.

Schatzsuche

Eine Waschschüssel wird mit Bohnen, Sand oder Styroporflocken gefüllt. Darin werden kleine Gegenstände versteckt, die nun ertastet und gefunden werden müssen. Dabei können die Augen offen sein oder geschlossen werden.

Sie können das Spiel variieren, indem Sie von den Gegenständen Farbkopien erstellen und diese dem Kind in der Reihenfolge zeigen, in der es die Gegenstände suchen soll.

Welcher Gegenstand fehlt?

Nehmen Sie drei Gegenstände: eine Brille, ein Buch und einen Ball. Die Mitspieler schauen sich die Gegenstände genau an und dürfen sie anfassen. Nun werden einem Kind die Augen verbunden, und ein Gegenstand wird weggenommen. Jetzt soll das Kind ertasten, welcher Gegenstand fehlt.

Nehmen Sie zunächst Gegenstände, die sich sehr unterschiedlich anfühlen. Dieses Spiel können Sie schwieriger machen, wenn Sie viele Gegenstände nehmen, oder auch dadurch, daß die Gegenstände sich sehr ähnlich anfühlen. Sie können die zu ratenden Gegenstände auch in einen Kissenbezug stecken und die Kinder mit den Händen darin fühlen lassen, denn für manche kleinere Kinder ist es schwer, die Augen zuzuhalten oder verbunden zu haben.

Was liegt unter mir?

Ein Kind liegt auf dem Rücken, und unter seinen Po oder Rücken wird nun ein Gegenstand geschoben, und das Kind muß erfühlen, worauf es liegt.

Tastmemories

Dazu benötigen Sie viele Bierdeckel. Kleben Sie auf jeweils zwei Bierdeckel die gleichen Dinge: Watte, Sandpapier, Styroporflocken, Bleistift, eine Perle.

Nun kommen alle beklebten Bierdeckel in eine Kiste, so daß man sie nicht sehen kann. Der Spielleiter holt einen Bierdeckel heraus, den das Kind anfassen und anschauen darf. Dann soll es fühlend den dazugehörenden zweiten Bierdeckel finden.

Varianten dieses Spiels:

- Man darf den ersten Bierdeckel entweder nur anfassen oder nur anschauen.
- Das Kind sucht den ersten Bierdeckel selber aus.
- Der erste Bierdeckel muß nach einer Beschreibung durch den Spielleiter gefunden werden.
- In der Mitte der Kiste wird eine feste Pappe angebracht, so daß die Hände getrennt suchen müssen.

Ping-Peng

Bei Verpackungsmaterial mit luftgepolsterten Noppenkissen kann man durch Zerdrücken der Noppen Knallgeräusche erzeugen. Mit verbundenen Augen ist das noch schwerer.

Unter der Decke

Aus einer Kindergruppe wird ein Kind hinausgeschickt. Zwei Kinder verstecken sich unter jeweils einer Decke. Das wieder ins Zimmer gerufene Kind soll durch Fühlen erraten, welches Kind unter der Decke liegt. Als Hilfestellung kann das Kind unter der Decke mit verstellter Stimme etwas sagen oder eine Hand oder einen Fuß zeigen.

Kitzelgeschichten

Das Kind streckt seine flache Hand aus, und man streichelt mit der eigenen flachen Hand über die des Kindes:

Hast 'nen Taler
geh' auf den Markt,
kauf Dir 'ne Kuh,
ein Kälbchen dazu,
das Kälbchen hat ein Schwänzchen (am kleinen Finger ziehen)
und macht gille-gille-Gänschen (im Handteller kitzeln).

Kommt eine Maus (mit dem Finger am Handgelenk des Kindes krabbeln),
die baut ein Haus,
kommt eine Mücke (mit den Fingern langsam den Arm hinaufgehen),
die baut 'ne Brücke,
kommt ein Floh (plötzlich auf die Haare springen),
der macht so (kitzeln).

Geht ein Mann die Treppe rauf (mit den Fingern am Arm des Kindes hochkrabbeln),
klingelt (am Ohr zart ziehen),
macht niemand auf?
Klopft an (an die Stirn klopfen),
wird ihm aufgetan:
Guten Tag, Herr Nasemann (die Nase anfassen und leicht hoch- und runterbewegen).

Weitere Anregungen können Sie in folgendem Buch finden:

»Viele kleine Streichelhände« von Sabine Seyffert (Menschenkinder).

7.5 Handgeschick

Wie in Kapitel 2.2 beschrieben, kommt der Handgeschicklichkeit bei der Sprachentwicklung eine besondere Bedeutung zu.

Da jede Tätigkeit der Hand und der Finger eine veränderte Spannung in der Mundmuskulatur bewirkt, ist die Förderung der Handgeschicklichkeit gleichzeitig auch eine Sprachförderung.

Im folgenden wollen wir einige Beschäftigungsmöglichkeiten erläutern, die besonders die Handgeschicklichkeit trainieren:

Schneiden

Lassen Sie Ihr Kind mit einer Kinderschere zunächst eigene Schneideversuche auf unbedrucktem Papier machen. Wenn es mit der Schere umgehen kann, wird es allmählich auch bestimmte Formen ausschneiden wollen.

Kneten

Außer der üblichen Knetmasse gibt es noch spezielle Sorten, die man brennen kann. Auch Ton und Salzteig eignen sich dafür. Auf diese Weise kann Ihr Kind sich Spielzeug selber herstellen wie Figuren, Brot und Gemüse für den Kaufladen oder Tiere für den Zoo.

Malen

Bieten Sie Ihrem Kind verschiedene Stifte (Buntstifte, Wachsmalkreide, Tafelkreide, Filzstifte) und auch Pinsel und Farben zum Malen an. Viel Spaß macht auch das Malen mit Fingerfarben. Dabei kann man mit den Fingerspitzen, aber auch mit den ganzen Händen malen.

Ausmalen

Auch wenn Sie dem freien Malen mehr Wert beimessen,

manche Kinder malen gerne aus. Da man beim Ausmalen nicht über eine vorgezeichnete Linie malen will, übt Ihr Kind die genaue Beherrschung der Stiftbewegung. Bieten Sie Ihrem Kind zunächst größere Motive zum Ausmalen an, denn je kleiner die vorgezeichneten Formen, desto schwieriger ist es. Und wenn über den Rand gemalt wird, ist das auch nicht schlimm.

Falten

Die Technik des Faltens müssen Sie Ihrem Kind zuerst einmal vormachen. Es kommt beim Falten vor allem darauf an, daß man sehr genau arbeitet und die Bruchkanten gut mit dem Daumenrand glattstreicht, damit der Flieger dann auch wirklich fliegen kann. Eine gute Vorübung für das Falten ist das »Geschenkeeinpacken«. Die Originalität eines vom Kind selbst eingepackten Geschenks übertrifft oft die Präzision perfekter Verpackungskunst.

Gießspiele

Wasser wird in verschiedene Behältnisse gegossen: in Gläser, Flaschen oder Kannen. Besonders attraktiv ist Wasser, das mit Lebensmittelfarbe gefärbt ist.

Und hier noch einige Spiele zum Kaufen:

Steckspiele

In eine Vorlage mit Löchern werden bunte Steinchen gesteckt. Nach einer Vorlage kann man Muster stecken oder sich selbst welche ausdenken.

Perlen fädeln

Perlen gibt es in verschiedenen Größen und Materialien (Holz und Glas) zu kaufen. Man kann auch aus brennbarer Knete selber Perlen herstellen. Je größer die Perlen sind, desto einfacher ist das Auffädeln. Sollte der Faden zum Auffädeln einmal ausgefranst sein, hilft flüssiges, warmes

Kerzenwachs: das Fadenende einfach durchziehen und trocknen lassen.

Hammerspiel

Zu einer Platte aus Kork gehören farbige Täfelchen in verschiedenen Formen, die jeweils mit einem Loch versehen sind. Die Täfelchen können Sie mit dazugehörigen kleinen Nägeln auf die Korkplatte nageln und damit verschiedene Bilder oder Muster erstellen.

Puzzle

Für kleine Kinder gibt es Holzpuzzles mit kleinen Knopfgriffen auf den einzelnen Teilen. Die klaren Formen sind so unterschiedlich, daß sie immer nur in eine ausgestanzte Form passen können. Die Auswahl der Puzzles ist sehr groß. Am einfachsten sind Puzzles mit wenigen Teilen, bei denen bereits auf der Unterlage durch Aussparungen oder vorgestanzte Umrisse ersichtlich wird, wo die einzelnen Puzzleteile hingehören.

Flohhüpfen

Das bekannte Spiel besteht aus kleinen und großen, runden Plastikscheiben. Eines davon nimmt man zwischen Zeigefinger und Daumen und »schnipst« damit das andere am Rand so an, daß es weghüpft: in einen Topf, um die Wette oder indem sich die Steine gegenseitig abdecken und somit der obere den unteren fängt.

Jenga für Kids

Dieses Spiel besteht aus vielen, gleich großen, verschiedenfarbigen Holzbausteinen. Mit diesen wird ein hoher Turm gebaut. Anschließend darf oder muß man immer einen Stein herausnehmen, ohne daß der Turm einfällt, und der herausgenommene Stein wird dann zusätzlich oben auf den Turm gelegt. Die Spielregeln lassen sich gut verändern: So kann man auch mit einem Würfel spielen oder die Erwachsenen oder größere Kinder mit nur einer Hand spielen lassen.

Angelspiel

Zu diesem Spiel gehören Angeln mit Magneten und Fische, an denen Drahtschlaufen befestigt sind. Alle Fische kommen in ein Aquarium, und nun darf man angeln, mit oder ohne ins Aquarium zu sehen. Leider sind die Magnete in diesen Spielen oft zu schwach. Magnete kann man aber auch einzeln kaufen und sich dann selbst eine Angel herstellen, die wirklich gut angelt.

7.6 Mundgeschick

Aussprachestörungen sind oft auch darauf zurückzuführen, daß es an Geschicklichkeit der Lippen-, Wangen- und Zungenmuskulatur fehlt. Im folgenden wollen wir einige spielerische Möglichkeiten aufzählen, die die Sprechmuskulatur verfeinern und kräftigen.

Falls Ihr Kind eine Aussprachestörung hat, sollten gezielte sprechmotorische Übungen einer logopädischen Behandlung vorbehalten bleiben. Ein Grund liegt auch darin, daß es für die Beziehung zwischen Eltern und ihren Kindern nicht gut ist, wenn sie – statt zu spielen – miteinander üben.

Windrädchen

Windräder gibt es in verschiedenen Größen. Je stärker gepustet wird, desto schneller drehen sich die Räder.

Seifenblasen

Ein Seifenblasenspiel ist im Handel erhältlich. Die in dem Behälter befindliche Flüssigkeit kann man aus einer

Mischung aus Geschirrspülmittel und Wasser selbst wieder herstellen.

Papierschlangen
sind ein Faschingsartikel. Durch Hineinpusten rollen sie sich zu ihrer vollen Länge aus.

Luftballons
lassen sich oft schwer aufblasen, wenn sie neu sind. Sie sollten sie also eventuell zuerst einmal selbst aufblasen, beim zweiten Mal gelingt es vielleicht auch Ihrem Kind.

Kerzen
Alle Kinder blasen mit Begeisterung Kerzen aus oder lassen sie flackern. Zeigen Sie Ihrem Kind, wie man Wachsflecken vermeiden kann, indem man in angemessenem Abstand die Hand hinter die Kerze hält.

Schwimmtiere
und Papierschiffchen lassen sich in der Badewanne durch Pusten fortbewegen.

Strohhalme
Mit ihnen kann man schlürfen, aber auch umgekehrt in die Flüssigkeit hineinpusten. Als Tischsitte ist das bei manchen Eltern nicht sehr beliebt, aber ein großer Spaß für Kinder. Nehmen Sie doch zum Spielen ein großes Glas mit Wasser und etwas Geschirrspülmittel, und pusten Sie Riesenschneeberge.

Federn
können Sie durch Pusten fliegen lassen. Wie lange bleibt die Feder in der Luft ?

Wattebäusche, Tischtennisbälle
eignen sich für »Ballspiele« am Tisch. Zwei Spieler sitzen

sich am Tisch gegenüber. Jeder versucht, den Wattebausch, den Tischtennisball oder kleine Papierkügelchen auf der Seite des Partners herunterzublasen. Gelingt es, ist es ein Tor, was der andere aber durch kräftiges Gegenpusten zu verhindern versucht.

Kinderblasinstrumente
wie Pfeifen sind im Spielzeuggeschäft erhältlich und machen verschiedene Geräusche. Schonen Sie Ihre Nerven, und kaufen Sie solche Pfeifen nur im Sommer.

Blasröhrchen
Mit Fangkorb und einem kleinen Ball ausgestattet, erfordern sie nicht nur Pustefähigkeit, sondern beim Auffangen zusätzlich Geschicklichkeit.

Lippensprudeln
Wie der Kutscher »brrr« machen, mit und ohne Stimme.

Küßchen verschicken
Dabei werden die Lippen ganz spitz nach vorn gewölbt, auf die Hand geküßt und »weggeschickt«. Schön ist es auch, die Lippen mit Lippenstift anzumalen und dann Kußmünder auf einen Spiegel zu drücken.

Wangenaufblasen
und mit den Händen eindrücken. Dann platzen die Lippen auseinander, und es gibt ein komisches Geräusch. Schwieriger ist es, erst die eine Wange aufzublasen und dann die andere.

Schlecken
Einen Teller oder die Lippen ablecken, die man vorher mit Honig oder Marmelade bestreichen kann, oder einen Lutscher von oben nach unten und wieder nach oben ablecken.

Nachahmen von Mundbewegungen und Geräuschen
Nagen wie ein Kaninchen; schmatzen wie ein Baby, die gräßlichste Fratze schneiden.

Pfeifen

Gurgeln
Man kann versuchen, mit und ohne Wasser zu gurgeln oder eine Melodie zu gurgeln.

Hauchen
gegen einen Spiegel ergibt Flecken, und man kann beobachten, wie diese wieder verschwinden, oder Bilder in sie hineinmalen.

Kauen
von zuckerlosem Kaugummi reinigt die Zähne und ist nicht schädlich. Auch die Brotkruste kann mitgegessen werden, und Mohrrüben, Paprika und Gurken schmecken auch zum Frühstück.

Jeu de visages (Mimikspiel, Nathan)
Auf schönen großen Fotokarten zeigen ein Mädchen und ein Junge verschiedene Möglichkeiten des Gesichtsausdruckes. Jedes Gesicht drückt ein bestimmtes Gefühl aus. Dieses Spiel ist vielseitig einsetzbar. Man kann einfach nur beobachten, darüber sprechen, die Gesichter nachahmen oder die Karten als Lotto- oder Memoryspiel benutzen.

7.7 Konzentrationserweiterung

In den vorangegangenen Kapiteln wurde beschrieben, wie viele verschiedene Lernschritte in allen Wahrnehmungsbereichen nötig sind, um Sprache zu erwerben. Eine Grundvoraussetzung dafür ist die Konzentrationsfähigkeit.

Leider achten wir oft nicht darauf, daß die Konzentrationsphasen der Kinder berücksichtigt werden, etwa in folgenden Situationen: Anja setzt gerade einen Baustein auf einen hohen Turm, als ihre Tante ein neues Spiel vorschlägt. Peter schaut sich gerade ein Buch an und ist ganz darin vertieft, als sein Vater ihm anbietet, mit ihm Fußball zu spielen.

Bei besonders unruhigen Kindern ist die Konzentrationsphase oft nur sehr kurz. Diese Kinder stehen unter einer Spannung, die nicht durch verordnete Ruhe abgebaut werden kann. Es ist daher besonders wichtig, auf einen ruhigen Tagesablauf zu achten und selbst Ruhe auszustrahlen.

Versuchen Sie herauszufinden, was Sie selber ausgeglichen und ruhig sein läßt und wie Sie sich am besten konzentrieren können, indem Sie bestimmte Dinge nacheinander erledigen und nicht gleichzeitig.

Kinder, und auch Erwachsene, können sich am besten konzentrieren, wenn sie mit Freude bei einer Sache sind. Im Unterschied zu Erwachsenen lassen sich kleine Kinder jedoch kaum zur Konzentration zwingen. Verlangen Sie daher nicht, daß Ihr Kind sich bei einer Tätigkeit konzentriert, die es im Moment nicht interessiert. Dagegen können Spiele helfen, die Konzentrationsphasen Ihres Kindes zu verlängern, weil sie verlangen, daß man längere Zeit bei einer einzigen Sache bleibt.

Dafür bieten sich alle Spiele an, die wir empfohlen haben.

Hier noch einige Anregungen, unter welchen Bedingungen die Konzentration gefördert wird:

Störfaktoren vermeiden
Sie helfen Ihrem Kind, während des Spielens konzentriert zu sein, wenn Sie Störfaktoren vermeiden. Dazu können gehören: Musik oder Fernsehen im Hintergrund, Gespräche mit anderen Familienmitgliedern oder Aktivitäten anderer Familienmitglieder im gleichen Zimmer.

Konzentrationphasen einschätzen
Wenn Sie Ihr Kind beim gemeinsamen Spiel beobachten, können Sie erste Anzeichen von Ermüdung bemerken. Es ist gut, das Spiel bereits in dieser Phase zu beenden, weil es bei abnehmender Konzentration zu Mißerfolgen für Ihr Kind kommt und der Spaß verlorengeht. Auf Dauer wird sich Ihr Kind immer länger konzentrieren können.

Spielort suchen
Beobachten Sie, ob sich Ihr Kind beim Spielen auf dem Fußboden oder am Tisch besser konzentrieren kann. Wenn Sie am Tisch spielen, können Sie Ihrem Kind die Konzentration erleichtern, indem Sie dafür sorgen, daß es festen Halt unter den Füßen hat. Nur so kann ein Kind stabil sitzen und zur Ruhe kommen. Einige Telefonbücher als Fußstütze oder ein Trip-Trap-Stuhl können dabei behilflich sein.

Sprache weglassen
Viele Spiele kann man auch einmal spielen, ohne zu sprechen. Dann kann sich die Konzentration ganz auf das Spiel richten. Ein Memoryspiel gewinnt an Spannung, wenn Sie beide ganz still und gebannt bei der Sache bleiben.

Beleuchtung variieren
Konzentrationsphasen können auch durch die Beleuchtung unterstützt werden. Beim Höhlebauen können Sie die Spannung erhöhen, indem Sie die fertige Höhle nur mit einer Taschenlampe beleuchten. Beim Spielen eines Bilderlottos ist eine gute Beleuchtung erforderlich, weil Ihr Kind leicht die Lust verlieren kann, wenn die Bilder schwer zu unterscheiden sind.

Angebot begrenzen
Sich zu konzentrieren erfordert, sich für eine bestimmte Sache zu entscheiden. Das wird erschwert, wenn zu viele Möglichkeiten zur Wahl stehen, etwa durch zuviel Spielzeug. Sie helfen Ihrem Kind, wenn Sie das Angebot begrenzen, indem Sie regelmäßig gemeinsam entscheiden, welches Spielzeug im Kinderzimmer sein soll und welches für einige Zeit weggestellt werden kann.

8

An wen können Sie sich wenden?

Erzieherinnen und Erzieher
Besucht Ihr Kind eine Einrichtung wie den Kindergarten, eine Kindertagesstätte oder einen Kinderladen, so können diese pädagogischen Fachleute wichtige Gesprächspartner für einen ersten Austausch über die Sprachentwicklung Ihres Kindes sein. Sie sehen Ihr Kind viele Stunden am Tag, haben in ihrer Ausbildung etwas über die Sprachentwicklung bei Kindern gelernt und können ständig mit Gleichaltrigen vergleichen. Ein Gespräch über Ihre Besorgnis kann bereits zur Klärung beitragen und Erleichterung bringen.

Kinderärztinnen und Kinderärzte
In der Regel sind sie die ersten Ansprechpartner für Eltern, die zur Sprachentwicklung ihres Kindes Fragen haben. Im Rahmen der Regeluntersuchungen haben sie das Kind bereits seit Jahren in regelmäßigen Abständen gesehen. Bei der sogenannten U8 wird die Sprache des Kindes zum erstenmal genauer untersucht. Sie können aber schon sehr viel eher Ihre Besorgnis äußern. Die Kinderärzte sind es auch, die eine Heilmittelverordnung schreiben, damit Ihre Krankenkasse die Kosten für eine Untersuchung und gegebenenfalls eine Behandlung bei einer Logopädin oder einem Logopäden übernimmt.

Hals-Nasen-Ohren-Ärztinnen und -Ärzte
Da Hörprobleme eine häufige Ursache für Sprachstörungen sind, sollte das Gehör eines Kindes mit Sprachauffälligkeiten in jedem Fall untersucht werden.

Auch diese Fachärzte können Verordnungen für eine logopädische Therapie ausstellen.

Phoniaterinnen und Phoniater
Phoniater sind Fachärzte, die sich auf Störungen der Sprache, des Sprechens und der Stimme spezialisiert haben. Sie sind als beratende Ärzte also sehr geeignet. Auch sie können logopädische Therapie verordnen. Doch leider gibt es so wenige niedergelassene Phoniater, daß Sie mit langen Wartezeiten rechnen müssen.

Logopädinnen und Logopäden
Sie behandeln Störungen der Sprache, des Sprechens und der Stimme bei Kindern und Erwachsenen. Sie arbeiten in Beratungsstellen, Krankenhäusern, Schulen oder Kindertagesstätten oder in freier Praxis. Eine logopädische Therapie wird von einem Arzt oder einer Ärztin verordnet, und die Kosten werden für Erwachsene teilweise und für Kinder vollständig von den Krankenkassen übernommen. Eine Therapiestunde kann zwischen 30 und 60 Minuten dauern und einmal oder mehrmals wöchentlich stattfinden.

Sprachheillehrerinnen und -lehrer
Dies sind Sonderpädagogen, die Unterricht in Sprachheilschulen geben und kindliche Sprachstörungen behandeln.

Sprachtherapeutinnen und Sprachtherapeuten
Es gibt eine Reihe von Fachleuten, die weder Logopäden noch Sprachheillehrer sind und kindliche Sprachstörungen behandeln. Sie arbeiten in unterschiedlichen Einrichtungen.

Beratungsstellen

Es gibt Sprachberatungsstellen, die sich auf die Untersuchung und Behandlung von Sprachstörungen spezialisiert haben. Sie bestehen aus Fachleuten verschiedener Bereiche, wie z. B. Logopäden, Ergotherapeuten, Krankengymnasten, Sozialarbeiter, Psychologen, Hals-Nasen-Ohren- und Kinderärzte, Kinder- und Jugendpsychiater.

Ihr Vorteil ist, daß die unterschiedlichen Fachbereiche zusammenarbeiten können, ohne daß für die Eltern weitere Wege nötig sind.

Auch in manchen Risikoberatungsstellen arbeiten Logopäden.

Es gibt auch Hörberatungsstellen, die sich ganz auf die Unterstützung von Hörbehinderten spezialisiert haben.

Diese Beratungsstellen gehören zum öffentlichen Dienst; ihre Inanspruchnahme ist daher kostenlos.

Krankenhäuser

In etwas größeren Krankenhäusern gibt es eine Abteilung für Phoniatrie und Pädaudiologie. Diese Abteilung ist auf Störungen der Sprache, des Sprechens und der Stimme und auf kindliche Hörstörungen spezialisiert. Auch hier sind verschiedene Berufsgruppen unter einem Dach versammelt, und Ihr Kind kann, ohne daß zusätzlich weite Wege zurückgelegt werden müssen, umfassend untersucht und behandelt werden.

Psychologinnen und Psychologen

Sie können aus den unterschiedlichsten Gründen wichtige Ansprechpartner für Eltern von Kindern mit Sprachschwierigkeiten sein. Sie nehmen Schuleignungstests vor, testen die Intelligenz von Kindern und untersuchen den psychischen Anteil des Sprachproblems. Es gibt Kinder, deren Probleme genau im Grenzbereich zwischen logopädischer und psychologischer Zuständigkeit liegen, und es kommt vor, daß eine Therapie, die als Sprachtherapie begann, als Psychotherapie weitergehen muß, wenn man den Bedürfnissen des Kindes gerecht werden will.

Psychologen können die richtige Adresse sein, wenn Eheprobleme im Mittelpunkt stehen oder die Sprachstörung eines Kindes die Familie zu sehr belastet. Sie arbeiten in Beratungsstellen, Krankenhäusern oder in freier Praxis als Psychotherapeuten.

Spielaudiometristen

Sie sind ein eigener Berufsstand, der die Aufgabe hat, bei Kindern spielerisch verpackt das Gehör zu überprüfen. Gerade bei kleinen, womöglich sprachauffälligen Kindern ist das sehr schwierig. Spielaudiometristen arbeiten in Beratungsstellen oder Kliniken.

Ergotherapeuten und Physiotherapeuten

Obwohl diese beiden Berufsgruppen kindliche Sprachstörungen nicht direkt behandeln, kann es vorkommen, daß Ihr Kind von ihnen mitbetreut wird. Sie werden auch Beschäftigungstherapeuten und Krankengymnasten genannt. Hat Ihr Kind Schwierigkeiten im Bereich der Wahrnehmung oder mit den Bewegungsabläufen, also in den Bereichen, die in unserem Buch unter Kapitel 2.2 und 7 näher beschrieben sind, so kann eine Untersuchung und Behandlung erforderlich werden.